成功を約束する

「選択」のレッスン

How to Keep Winning in Life

「人生の勝率」の高め方

土井英司

KADOKAWA

プロローグ

都内某所。21時を過ぎ、「AI時代に勝ち残るビジネススキル講座」の終了の時間が迫っている。

司会者が登壇者、D氏への最後の質問として、参加者200人の中から20代と思われるスーツを着込んだ男性を指名した。

物語はここから始まる――。

ハイ

勝負の大半は、「何を選んだか」で決まってしまう

Dさんは、Amazonの〝カリスマバイヤー〟として数々のヒット商品を仕入れられたあと、こんまりさん（世界40ヵ国以上で1100万部以上売れている『人生がときめく片づけの魔法』の著者、近藤麻理恵氏）を見出し、プロデュースされたことでも有名ですが、ビジネス書評家として、たくさんの本も紹介していますよね。

「Dさんが書評を書くとベストセラーになる」という噂《うわさ》を聞いたことがあるのですけど、何かコツがあるのでしょうか？

それはちょっと違いますね。
「僕が書評を書いたからベストセラーになった」のではなくて、「ベストセラーになる素材を選んで書評を書いている」のが正解です。

書評はあくまで、その本のポテンシャルを引き出して、広く人々に知らしめる手段に過ぎません。僕が紹介した本がベストセラーになったのも、育てた人がベストセラー作家になったのも**「売れるものを選択する力」を身につけていたから**です。

人間は、うまくいったことの理由を個人の能力、努力、頑張りに求めがちですが、実際には、**「選択した時点」で、結果の９割は決まっています。**

ゼネラル・エレクトリック社の最高経営責任者を務め、その手腕から「伝説の経営者」と呼ばれたジャック・ウェルチは、これを「選択と集中」と表現しました。

つまり、「集中」する前に「選択」しなければならないというわけです。

事業であれ何であれ、成果は「何を選ぶか」を決めた時点で決まっている、のですか？

そうです。

各界の「ヒットメーカー」と呼ばれる人たちは、なぜ、ヒットを出せると思いますか？

それは、**最初からポテンシャルの高い人物や商品を選んでいるから**です。

魅力のない人物、デザイン、ネーミングがベストセラーになることはまずありません。魅力のない人物や商品と付き合っていたら、成果は望めない。ベストセラーを生み出す秘訣は、「どう売るか」ではなく、「何を売るか」です。

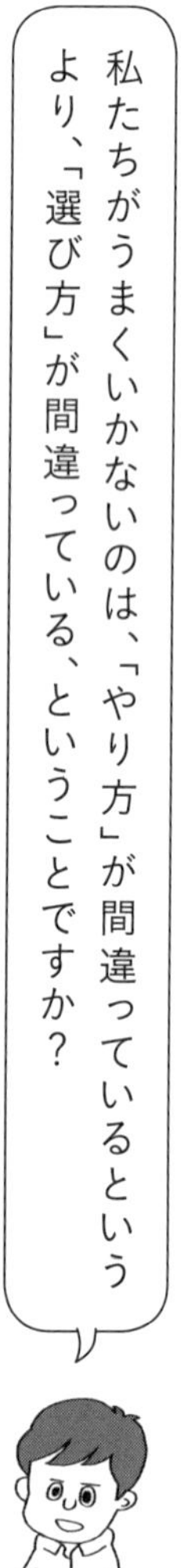
私たちがうまくいかないのは、「やり方」が間違っているというより、「選び方」が間違っている、ということですか？

正しいものを「選択する力」があれば、目的がキャリアであろうと、結婚であろうと、商売であろうとうまくいくでしょう。

人気の大企業にしがみつくよりも、今から伸びそうな会社に入って努力をすれば、あっという間に優良企業の重要なポジションにつくことができるはずです。僕が黎明《れいめい》期のAmazonに入って成功したのと同じことです。

もし、**みなさんが人生で勝利しようと思うなら、まずは、確率の高い集団の中にいること。そして、そこから適切なものを「選択する力」を身につけること**です。

僕は、大学卒業後、大手ゲームメーカーに就職して、ゲームセンターで働いていたことがあります。

「UFOキャッチャー」に代表されるクレーンゲームの確率は、一律ではありません。早くなくなってほしい「人気のない景品」は取りやすく、ずっと置いていても「人気が続く景品」は取りにくくなっています。

ちなみに僕がいたゲームセンターでは、ファミリー客がやってくる週末は、子どもに人気のポケモングッズやキティちゃんグッズを取りやすくして、父親が個人的にほしがる競馬のぬいぐるみやルパン三世のフィギュア、時計などの景品を取りにくくしていました。

具体的には、子ども向けのぬいぐるみのときは、ペイアウト率（還元率）を30〜35％くらいに設定して、大人向け景品のときは、ペイアウト率を10〜18％に設定しました。

ぬいぐるみの原価が300円だとして、「30％」だと1000円使って1回取れる計算です。

ぬいぐるみの一般価格は1000円くらいですから、これならお客様に十分に満足してもらえます。

また、これくらいのペイアウト率にすると、はた目からは、「誰かがいつも景品を取っている」ように見えるので、「サクラ効果（他人に同調して同じ行動をする現象）」が生まれます。お父さんが子どものためにプレイすると、あっさり取れて子どもに賞賛される。それでいい気分になって大人向け商品を狙い、散財してしまう、とそんな仕組みです。

このやり方がおもしろいほど当たって、僕のいた店はプライズ部門で東北トップのお店に成長しました。


少し長くなりましたが、この話を通じて伝えたかったことは、「みなさんが選ぶゲームによって確率は変わる」ということです。

仕事、投資、ビジネス、結婚もクレーンゲームと同じで、望むものを手に入れたいのなら、「どこで戦うか」の選択が重要になります。

なぜなら、勝負の大半は、何を選んだかで決まってしまうからです。確率の低い場所を選んだ時点で、成功から遠ざかってしまいます。

「何を選んだかで決まる」ということは、適切に選ぶことさえできれば、才能や能力やお金がなくても、勝負できる、ということですよね？

その通りです。

ビジネスパーソンには、英語、ＩＴ、ファイナンスなど、さまざまなスキルが求められますが、意識と行動を変えるだけで身につくのが、「選択する力」です。

「選択する力」を身につけ、磨き上げることこそ、凡人が結果を出すための最良の方法です。

ようするに、みなさんの人生は、

・**「あなたがどこにいるか」**
・**「誰と付き合うか」**
・**「どんな選択肢の中にいるか」**

で決まってしまうということです。

センターピンを見極めろ

大学生のころ、グッドウィル・グループの創業者、折口雅博さんの著書『起業の条件』（経済界）を読んで「センターピン理論」という考え方を知りました。ビジネスをボウリングにたとえた理論です。

センターピンって、ボウリングの10本のピンの真ん中にある1番ピンのこと？

そうです。

一番前の真ん中にあるセンターピンは、絶対に倒さないといけない。そこに当たらなければ、いくらすごいボールを投げてもストライクは取れません。

一方で、**センターピンを外しさえしなければ、すごいボールを投げなくてもストライクが取れます。**

それに、センターピンを倒してしまえば、まわりにある9本のピンを一緒に倒すことができます。一番奥のピンを倒しても、1本しか倒れないんです。

ビジネスにもセンターピンがあります。

メーカーであれば、ヒット商品。卸売業であれば、強い取引先の数。小売業であれば、品揃え。

センターピンはビジネスによって違います。「自分のビジネスのセンターピンはなにか」を見抜き、見定め、選択し、倒すことができれば、後ろにある9本のピンは何とでもなるわけです。

たとえば、飲食のセンターピンは、「味」です。味の要諦は「食材」だから、食材費をケチってはダメ。僕が飲食店を経営するなら、広告宣伝は一切しないで、その分のお金を食材費に回すでしょうね。

じゃあ、自分が何かを選択する場合に、「どこにセンターピンがあるのか」を見極める必要があるわけですね。

もちろんです。

・・・
ハッ！
・・・
ガコン

センターピン選びで大事なのは、「重要度」です。重要度の高いところを狙わないと全体に影響を与えることはできませんからね。

Dさんは出版業界で活躍されているわけですが、出版業界におけるセンターピンって何ですか？　出版業界で「重要度が高いもの」って？

出版業界だったら、「編集者」ですね。絶対にそうだと思う。なぜかというと、ライターを選ぶのも、装丁家を選ぶのも、タイトルを決めるのも編集者だから。

出版社ではなく、編集者ですか？

大手の出版社からも、小さな出版社からもベストセラーは生まれていますよね？　ということは、組織ではなく個人、出版社ではなく編集者です。

「実力のある編集者」を選ぶのはベストセラーの秘訣なのですね。

じつは、僕が発行している「ビジネスブックマラソン」（2004年7月より日刊で発行しているビジネス書評メールマガジン。読者数5万4000人）は、センターピン（＝実力のある編集者）を倒すためのしくみなんです。

えっ？　どういうことですか？

「ビジネスブックマラソン」は、「いい本」だけを評価し、ビジネス書を読む濃い読者層を確保して、ベストセラーになるための初動をつける役割を果たしています。

初動が良ければ、僕は編集者に感謝されるし、「ベストセラーを出せる優秀な編集者」とつながることができるじゃないですか。

「ビジネスブックマラソン」は、センターピンである「編集者」を押さえるためのしくみなんですよ。

「ブログ」ではなく「メルマガ」を選んだのも、メルマガのほうが「ランキングの押し上げ効果」が期待できるからです。

ブログだと、読者はそれぞれ「好きな時間」に見ます。けれど、メルマガの場合、「一定の時間に読者が集中する」から、「Amazonランキング」の押し上げ効果が大きいんです。「Amazonランキング」は、「1時間単位」のランキングなので、ブログでは効果がそれほど期待できません。

ただ書評を書いていればいい、というわけじゃないんですね。

「自分の本」しか売らないのなら、ブログでもいいかもしれない。でも僕は、みんなの本を売らなければいけないから、ブログではダメです。

毎日発行しているのも、精読率をコントロールするためです。精読率の高い読者をキープするためには、「気合」を入れて、毎日書評を書くしかない。書評を書くことに対して、僕は日本で一番気合が入っていると思います（笑）。

「選択の失敗」を努力で補うことはできない

日本人はとかく、「努力」が好きです。けれど、努力は必ずしも報われるとは限らない。粉骨砕身《ふんこつさいしん》の覚悟で頑張っても、実を結ばないことだってある。

頑張った分だけ評価され、報われる人がいる一方で、どんなに頑張っても結果が出ない人もいます。

では、報われる人と報われない人、両者の違いはどこにあると思いますか？

努力の量が足りなかったり、そもそも、才能がなかったりですか？

違います。

努力が報われないのは、「選択」が間違っているからです。

努力の量や才能の問題ではなくて、ようするに、努力する場所や場面が違う、ということです。

たとえば、魚釣り。釣果《ちょうか》を上げたければ、「釣り場」を選ぶことが大切です。

魚が1匹もいない場所で釣り糸を垂らしても、釣ることはできませんよね。時間をムダにするだけです。

反対に、大量の魚が泳いでいる釣り場を選べば、努力しなくたって、才能がなくたって、頑張らなくたって、バンバン釣れる。入れ食い状態です。腹を空かせた魚（需要）に対してエサ（供給）が圧倒的に少ない（レア）からです。

投資も同じです。

たとえば、不動産投資。安定的なインカムゲイン（賃貸収入）を求めるなら、物件の築年数や間取りよりも、「立地」選びが大切です。なぜなら、立地条件といった利便性と、間取りなどの機能性を比較すると、利便性を求める入居者が圧倒的に多いからです。

1に立地、2に立地、3、4がなくて5に立地。不動産投資の成否を左右するのは、立地の選択です。

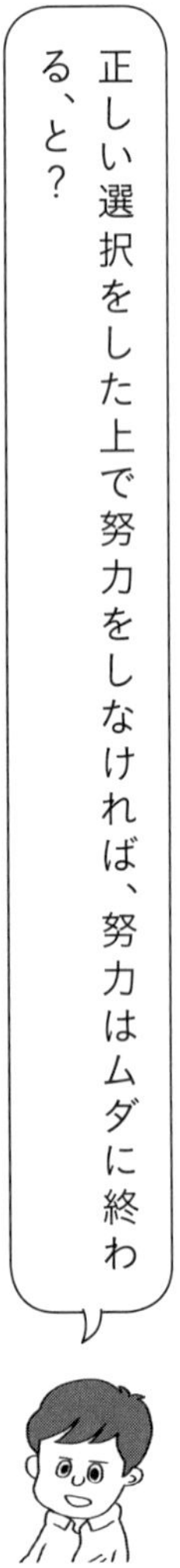
正しい選択をした上で努力をしなければ、努力はムダに終わる、と？

その通りです。

努力よりも優先すべきなのは、選択です。

選択の失敗を努力で補うことはできません。努力は「正しい選択」の上で報われるものであって、選択を間違えれば、努力は徒労に帰すだけです。

たとえば、地方に住んでいる学生が、「英検」にチャレンジしようと思って、「町に1店しかない小さな書店」にテキストを買いに行ったとします。

その書店に置いてあるテキストが、「英検2級」までだとしたら、この学生の最高到達点は、「英検2級」まで。どれほど勉強しても、努力しても、頑張っても、1級を取ることはできない。

英検1級を目指したいのなら、「町に1店しかない小さな書店」に行くのではなく、「英検1級のテキストを置いている大きな書店」を選択しないといけないわけです。

才能がないのなら、才能がなくても結果を出せる選択をすればいい。努力するのが嫌なら、努力しなくても勝てる選択をすればいい。

結果を出したいなら、「選択がすべて」です。

勝つか負けるか、成果が出るか出ないかは、選択した時点で、ほぼ決まっていると言っていい。したがって、「何をするか」「どこでするか」「誰とするか」「いつするか」を正しく見極めることが不可欠です。

どうすれば「選ぶ」能力を身につけることができるのか？

最近はとくに情報化社会と言われ、たくさんの情報が世の中にあふれています。書籍の発行点数も、1日あたり約200点となり、もはや常人が処理できるデータ量ではありません。**ますます「選ぶ」ことが難しい世の中になったと言っていいと思います。**

このような世の中になると、個人の成果は、「選ぶ」能力で決まると言っても過言ではありません。

では、**いったいどうすれば「選ぶ」能力を身につけることができるのか。どうすればセンターピンを倒すことができるのか、これを考えていってください。それが、これからの時代の成功への近道です。**

長くなりましたが、ご質問への回答は以上です。

D氏と20代男性のやりとりにあっけに取られていた司会者が、体裁を取り繕いながら閉会を宣言した。

２００人の盛大な拍手の中、壇上から降り、控え室に戻ろうとするD氏。

その後を先程質問していた男性をはじめ、20人程の受講者が追いかけてきた。まだまだ聞きたいことがあるらしい。

控え室前で主催者側に止められそうになったとき、D氏が彼ら彼女らに声を掛けてきた。

「まだ、質問がありますか？　いいですよ、今日は特別に『選ぶ力』の身につけ方の続きをお話ししましょう」

不敵な笑顔を浮かべ、20人を部屋に招き入れた。

この20人の人生を変える授業が始まった――。

「人生の勝率」の高め方　目次

第1章

結果の9割は「選択」で決まる

第2章 「選択基準」を明確にする

第3章 「キーパーソン」を味方につける

第4章

価値ある「情報」のつかみ方

第5章

「運」は戦略的に呼び込める

あなたの未来を変える10冊

編集協力　藤吉豊
ブックデザイン　小口翔平＋山之口正和（tobufune）
イラスト　ヤギワタル
本文ＤＴＰ　エヴリ・シンク

第1章

結果の9割は「選択」で決まる

小さな環境にとどまっていると、夢まで小さくなる

みなさん、ようこそ。

セミナーのあとにさらに新しい知識を手に入れようとする、その貪欲な姿勢には非常に好感が持てますね。

私もこれまで多くの成功者に導かれ、ここまできました。あなた方のような方にこそ、その成功法則をお伝えしたいと思います。

それでは、まずは論より証拠ということで、この表を見てください。

この表は、これまで私が「目利き」したモノの勝敗表のようなものです。最初はゲーム感覚でつけていたものですが、次第に日課になってきました。まさか、こんな形で他人にお見せするとは思いませんでしたが。

目利きしたモノ	勝　敗
こんまり（近藤 麻理恵）	全世界1100万部
本田 健	累計発行部数700万部
Amazon	7ドルでもらったストックオプション 退職時56ドルで売却（現在は約1800ドル　泣）
中国株	300万円つっこんで3倍
原宿のビル	引き渡しの10月後にオリンピック開催決定で約〇億円の儲け
ガンホー株	家一軒分くらい儲けた
ユーグレナ株	株価約30倍に
NYベッドフォード	一大オシャレタウンに発展
デイヴィッド・ホックニー	生きているアーティストで最高額に
オートレース	100倍（これはオマケ!）

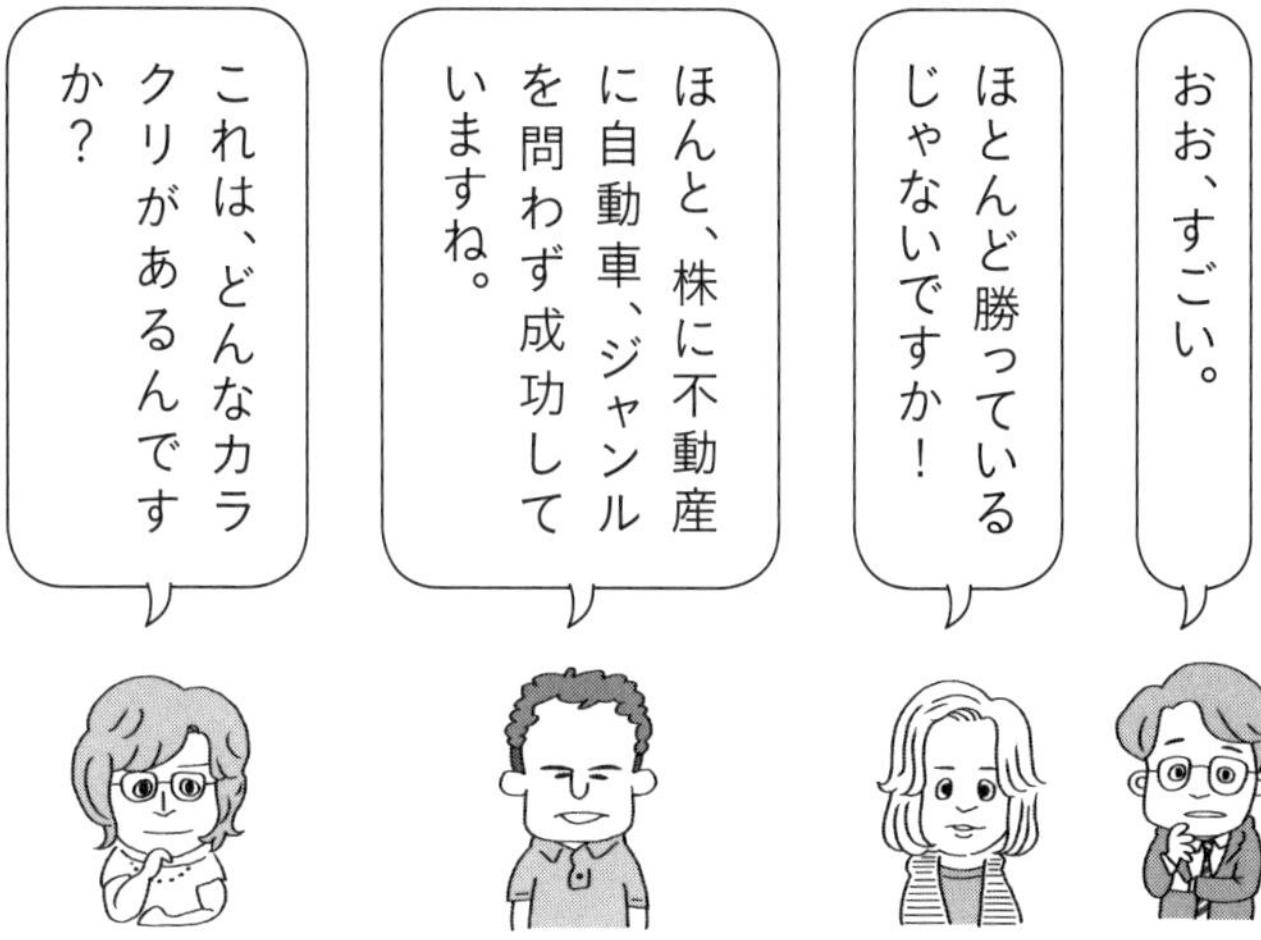
おお、すごい。
ほとんど勝っているじゃないですか！
ほんと、株に不動産に自動車、ジャンルを問わず成功していますね。
これは、どんなカラクリがあるんですか？

まあ、落ち着いてください。ゆっくりといきましょう。「選択する力」「目利きする力」のお話の前に、まずは、僕のことを少しお話しします。

僕は、秋田県・男鹿市《おがし》船越の出身です。男鹿市は、人口減少と少子化に歯止めがかからなくて、過疎地域に指定されています。

僕が中学生だったとき、フルート奏者としても有名だった担任の先生（音楽のM先生）から、こんなことを言われました。

「いいか、D。人間というのは、小さな環境にとどまっていると、夢まで小さくなってしまうんだ」

M先生はかつて、男鹿半島の山の中にある小さな中学校で教鞭をとっていました。失礼ながら、僕が住んでいた船越が田舎なら、男鹿半島の山の中は「超田舎」。そんな、超田舎の子どもたちが抱いた夢って、何だと思いますか？

「秋田市に出て、働くこと」

だったそうです。

秋田市？　「東京に出て」ではなくて？

そう、秋田市です。

超田舎に住む子どもたちにとって、秋田県内でもっとも都会といわれる秋田市は、夢の場所、憧れの場所として映っていた。

一方で、すでに秋田市にいる子どもにとって、「秋田市内」は夢の場所ではありません。「秋田市内」は日常の場所です。

秋田市の子どもたちは、秋田市よりも、もっと大きな場所が夢の対象になるはずです。

でもＤさんだって、超田舎ではないにせよ、そこそこの田舎にいたわけだから、小さくまとまったっておかしくなかったはずですよね。

ギリシアに留学したり、ニューヨークに住んでみたり、僕のしていることは、男鹿の人たちから見ると、意味不明でしょうね（笑）。

でも僕だって、最初から海外に出たいと思っていたわけではありません。

小学生のときの夢は、「父親の仕事を継ぐ」ことでした。だから大学には行かないで、中学を卒業したらすぐに働くか、地元の工業高校へ進学しようと思っていたんです。

当時の僕は、「松下幸之助や本田宗一郎だって大学を出ていないのだから、大学に行かないほうが成功するんじゃないか」「大卒は負け組なんじゃないか」くらいに思っていましたから（笑）。

もちろん父親も、僕と同じように考えていましたね。

その夢がどうして変わったのですか？

小学校の高学年のときだったかな。父親が、当時の担任だった先生に言われたみたいなんです、「息子さんを大学に行かせたほうがいい」って。

そうしたら、父親が突然、主義主張をひっくり返して、「イマドキの男は大学ぐらい行ってなきゃダメだ。高校も工業高校じゃなくて、普通科に行け」って（笑）。

それを聞いて僕は、

「えー！」みたいな（笑）。

「前と言っていることが違うけど」みたいな（笑）。

「してないし、勉強」みたいな（笑）。

「普通ってなんだよ、普通になんかなりたくないから」みたいな（笑）。

「オレ、普通になるための勉強なんかしたくねぇぞ」みたいな（笑）。

でも、結局、全日制普通科の高校を受けることになったのですが、なりゆきで、秋田県トップの県立A高校を目指すことになったんです。

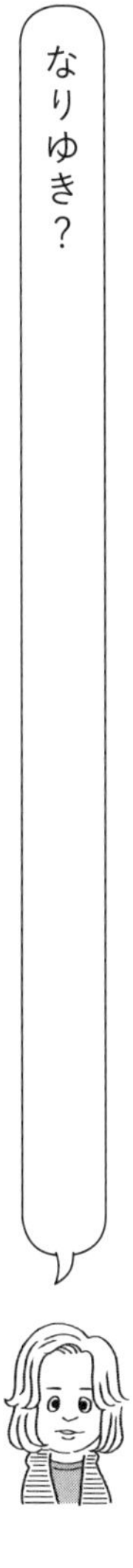

「選択肢が奪われた」と言ってもいいかな。

中学の担任だったM先生と進路面談をしたとき、先生がニコニコしながら、「D、おまえはB高校に行くんだろ？」と言ったんです。

たしかに、当時の僕の学力からすると、B高校は妥当な選択でした。けれど、子どものころからひねくれ者だった僕は、「M先生も、B高校の出身でしたよね。オレ、先生みたいになりたくないから、B高校は嫌ですね」とディスったわけです（笑）。

すると先生から、「じゃあ、もっと上を狙うんだな」とプレッシャーをかけられ、引くに引けなくなった。

僕の人生って、たいてい、先生にケンカをふっかけるところからはじまるんですけど(笑)、でも先生にケンカを売って、「B高校に行く」という選択肢が奪われたからこそ、「A高校」という新しい選択肢が生まれたわけです。

結果的に、学校の先生が選択肢を与えてくれたわけですね。

「イケてない自分の選択」って、いつも、イケてないんですよ。イケてない自分のセンスで選んだものは、「イケてない」に決まっています。

では、「イケてない自分」が「イケてる選択」をするにはどうすればいいかというと、自分で選択するのではなく、イケてる人から選択肢を与えてもらって、その中から選べばいいんです。

この時の僕は正にそうでしたね。

「居場所」と「付き合う人」を変えると、自分が変わる

僕が、男鹿市という「小さな町」で育ちながら、「もっと大きな世界」に目を向けることができたのは、自分で環境や選択を変えてきたからです。


人は生まれる場所を選べないけれど、育つ場所を選ぶことはできる。

親や兄弟は選べないけれど、先生や友だちを選ぶことはできる。

勉強の方法だって、選ぶことができる。

小学校の高学年のとき、父親が「算数の勉強でわからないことがあったら、これで調べろ。俺に聞かれても教えられないから（笑）」と笑いながら、僕に『数学小辞典』（共立出版）を渡してくれました。

僕は、その『数学小辞典』を読んで、衝撃を受けたんです。

辞典にですか？　なぜ？

その辞典の中には、僕が知りたかったことがすべて書いてあったから。僕はそのときに気がつきました。

「世の中のたいていのことは、自分で調べることができるんだ」って。

それまでの僕は、「親と先生からしか学べない」と思っていた。でも、「親や先生に頼らなくても、ほかに選択肢がある」ことがわかったわけです。

今の時代は、もっと恵まれていますよね。インターネットがあるから。ネットで調べれば、たいがいのことはわかったりするし。

たしかに、インターネットを使えば、さまざまな情報を得ることができます。けれど、情報が氾濫するあまり、どの情報を信用していいのかわかりにくい。だから、今のほうが、昔より確実に「バカ」になれます（笑）。

言葉は悪いですが、バカには辞書はつくれない。インターネットはバカでも書ける。

だから、**インターネットを使う場合には、「情報を正しく見抜く目」がないと正解には**

Math

近づけないと思います。

「自分で環境を変えた」と言ってましたけど、具体的には、何をどう変えたのですか？

中学に入学してから、僕は、意識的に2つのことを変えました。

「居場所」と「付き合う人」を選択し直したんです。

「居場所」は、自分で選べるものです。けれど多くの人は所与のもの、つまり、与えられたものだと思っていて、動こうとしない。

僕は中学1年のときから一人暮らしをしています。どこでかというと、親の職場で。一人暮らしをはじめた理由は、「このまま家族と一緒にいると、自分はダメになる」と思ったからです。

どうして家族と一緒だと、ダメになるのですか？　家族間のトラブルが絶えなかった、とか？

その逆です。家族が親密すぎたからです。

D家は、祖父母、両親、兄、姉3人、僕の9人家族で、みんなとっても仲が良かった。晩ごはんは家族みんなで食べる。食事が済んだら、家族みんなでテレビを見て、「わはは—」と笑う。するとあっという間に時間が過ぎてしまう。勉強はほとんどしないで、せいぜい、寝る直前にあわてて宿題をやるだけ。

仮に、僕が通っていた中学校が全国一の進学校だとしたら、学校から与えられた宿題をやるだけでも、それなりの学力が身についたかもしれない。

でも残念ながら、僕が通っていたのは、過疎地の小さな中学校だから、宿題だけではどうしたって「田舎レベル」から抜け出すことができない。

しだいに、「このままだとオレ、バカになるかも」と思うようになって、居場所を変えることにした。空き部屋になっていた父親の職場の2階で暮らすようになったんです。

宿題以外の勉強をするために一人暮らしを？

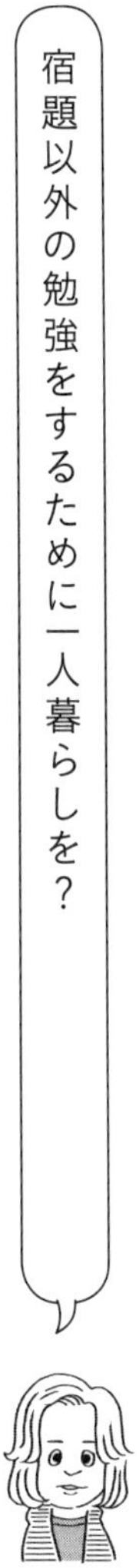

仕事だって同じですよね。

「与えられたこと」しかやらない人が、伸びるとは思えない。優秀な人材は、「与えられたこと」はさっさと終わらせて、それ以外の時間で自発的に仕事をしているものです。

一人暮らしをはじめて、実際に、成績は上がったのですか？

部活が終わって、家に帰って、晩ごはんを食べて、お風呂に入ると、夜の8時にはもう暇になる。

ほかにやることがないから、毎日、2、3時間、勉強をする。

当然、宿題以外の勉強もするようになるから、一人暮らしをはじめてわずか1ヵ月で学年5番以内に入り、次の試験で「学年トップ」になりました。といっても、僕がとびきり優秀だったわけではなくて、みんなが勉強をしていなかったから、ですけど。

付き合う人を変えた、というのは？

2つ目は、「友だち」の選択肢を変えました。

僕は、同級生とほとんど遊ばなかった。なぜかというと、同級生の多くは、せいぜい「自分と同じレベル」だから。

自分と同じレベルの子どもと遊んでも参考にならないし、遊びというのは娯楽だから、自分の成長にもつながらない。

だったら、「大人としゃべったほうがいいな」と考えて、休み時間は、ほぼ学校の職員室で過ごしていました。

しょっちゅう職員室に顔を出して、しょっちゅう先生としゃべっていると、なんとなく「試験に出そうなところ」がわかるようになったり、先生から特別なチャンスを与えられたりしたんです。中学の卒業文集のトップを僕が飾ったのも、そのひとつです。

「接する回数が増えるほど、その対象に好印象を持つ」という心理現象を「ザイオンス効果」といいますが、**「頻繁《ひんぱん》に通う」のは、チャンスをつかむ上で、とても大切なこと**です。

年齢のわりに、大人ぶった子どもだったんですね（笑）。友だちがいなくて、寂しくなかったのですか？

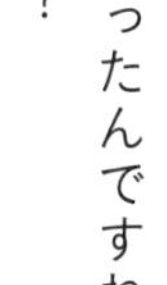

僕には「ライバル」がいたから、寂しいと感じたことは一度もないですね。

ライバルって？

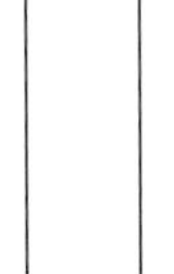

中学のとき、Ｈくんというライバルがいました。ライバルといっても、ケンカをしたり、敵対していたわけではなくて、互いに認め合い、競い合い、高め合い、切磋琢磨する

関係です。

Hくんは僕にとって、テニスのライバルであり、勉強のライバルでした。当時は、彼と毎晩、電話で話していましたね。気持ち悪いでしょ？　男同士で（笑）。で、何を話していたかというと、問題の出し合いっこ（笑）。「この問題、なーんだ？」とクイズを出して、解答をチェックする、みたいなことをやっていたんです。

大げさでもなんでもなくて、「Hくんが僕を育ててくれた」と言ってもいい。友だちより大事なのは、ライバルの存在です。

「遊ぶだけの友だちならつくらなくてもいいけれど、ライバルはいたほうがいい」というのが、僕の考えですね。

この問題なーんだ？
ンー！

高い年収を狙うなら、どの業界を狙うべき？

ところで、みなさんはやっぱり、「給料のいい会社」に入社したいと思っていますよね。

ええ、いいに越したことはないですよね……。

国税庁が平成29年9月に発表した、「平成28年分　民間給与実態統計調査」の中に、「業種別の給与階級別構成割合」が載っています。

1年を通じて勤務した給与所得者について、業種別に給与階級別分布をみると、平均給与がもっとも高い「電気・ガス・熱供給・水道業」では、800万円超の者が45・1%ともっとも多く、それに次ぐ「金融業、保険業」でも800万円超が25・5%で、もっとも多い。

一方、平均給与がもっとも低い「宿泊業、飲食サービス業」では、100万円以下が29・8%ともっとも多くなっています。

業種別の給与階級別構成割合

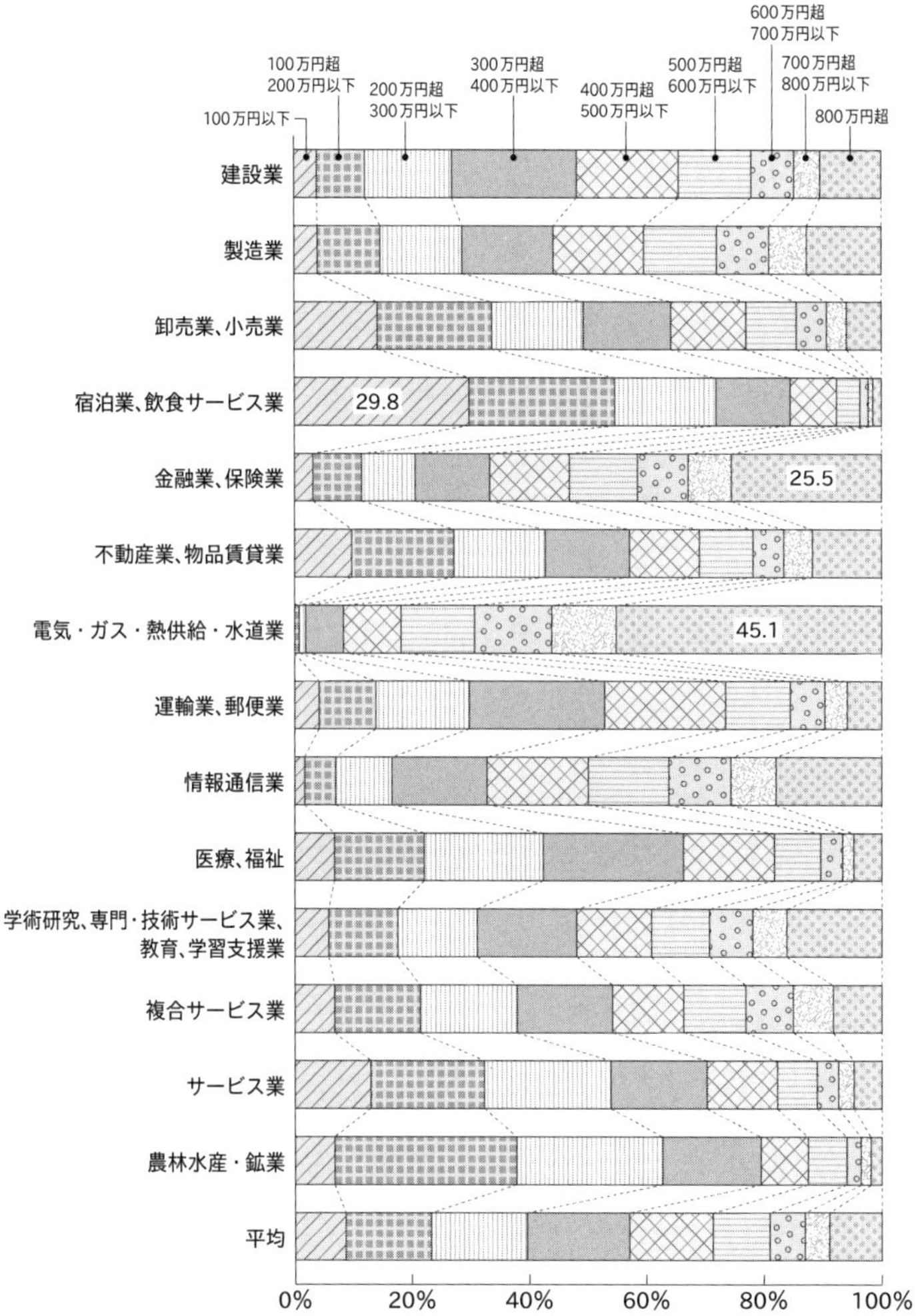

出典:国税庁「平成28年分　民間給与実態統計調査」

さらに、「企業規模別の給与階級別構成割合」をみると、「資本金２０００万円未満の株式会社」では、「２００万円超３００万円以下」が20・２%ともっとも多く、次いで、「３００万円超４００万円以下」が19・８%となっています。

これに対して、「資本金10億円以上の株式会社」では「５００万円超６００万円以下」の者が12・４%ともっとも多く、次いで「４００万円超５００万円以下」が12・０%となっています。

少子高齢化で今後はいろいろと変わるでしょうが、現時点でこのデータをもとに、**「年収重視で就職先」を探すのであれば、「電気・ガス・熱供給・水道業」や「企業規模の大きな会社（資本金10億円以上の会社）」に勤めるのが得策だとわかります。**
「規模の小さな宿泊業、飲食サービス業」を選択した時点で、「高額年収」は難しくなる。

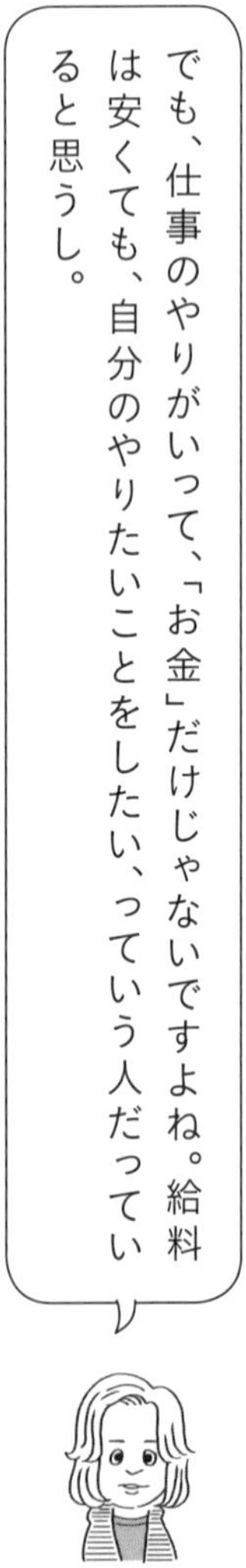
でも、仕事のやりがいって、「お金」だけじゃないですよね。給料は安くても、自分のやりたいことをしたい、っていう人だっていると思うし。

企業規模別の給与階級別構成割合

区分			100万円以下	100万円超200万円以下	200万円超300万円以下	300万円超400万円以下	400万円超500万円以下	500万円超600万円以下	600万円超700万円以下	700万円超800万円以下	800万円超900万円以下	900万円超1,000万円以下	1,000万円超1,500万円以下	1,500万円超2,000万円以下	2,000万円超2,500万円以下	2,500万円超	合計
(企業規模)			%	%	%	%	%	%	%	%	%	%	%	%	%	%	%
個人		男	7.8	20.6	26.8	23.0	11.2	5.3	2.3	1.3	0.4	0.4	0.5	0.2	0.1	0.1	100.0
		女	21.7	33.1	23.2	11.1	5.8	2.2	1.0	0.7	0.3	0.3	0.5	0.1	0.0	0.0	100.0
		計	17.2	29.1	24.4	15.0	7.6	3.2	1.4	0.9	0.3	0.3	0.4	0.1	0.0	0.1	100.0
株式会社 資本金階級別	2,000万円未満	男	4.4	9.8	18.0	23.6	18.3	10.5	5.1	3.1	1.9	1.3	2.6	0.7	0.3	0.4	100.0
		女	21.9	28.2	23.6	13.8	5.9	2.8	1.2	0.8	0.5	0.3	0.8	0.1	0.0	0.1	100.0
		計	11.1	16.9	**20.2**	**19.8**	13.5	7.5	3.6	2.2	1.4	0.9	1.9	0.5	0.2	0.3	100.0
	2,000万円以上5,000万円未満	男	2.5	6.3	13.8	22.7	22.2	14.5	7.5	3.9	2.1	1.3	1.9	0.7	0.3	0.3	100.0
		女	15.9	26.9	27.2	17.0	7.5	2.7	1.1	0.6	0.2	0.2	0.4	0.1	0.1	0.1	100.0
		計	6.8	13.1	18.2	20.9	17.4	10.7	5.4	2.8	1.4	1.0	1.4	0.5	0.2	0.2	100.0
	5,000万円以上1億円未満	男	2.2	5.7	12.3	21.0	21.9	15.1	9.1	5.0	3.0	1.6	1.9	0.6	0.2	0.4	100.0
		女	14.5	26.2	25.3	18.7	8.9	3.6	1.3	0.6	0.3	0.2	0.3	0.0	0.0	0.1	100.0
		計	6.7	13.2	17.1	20.2	17.1	10.9	6.3	3.4	2.0	1.0	1.3	0.4	0.2	0.2	100.0
	1億円以上1億円未満	男	2.5	5.0	8.1	14.6	19.0	16.4	12.7	8.4	4.9	3.1	3.8	0.8	0.3	0.4	100.0
		女	15.1	25.0	20.4	17.6	11.4	5.6	2.2	1.1	0.7	0.3	0.3	0.2	0.1	0.0	100.0
		計	7.2	12.5	12.7	15.7	16.2	12.4	8.8	5.7	3.3	2.0	2.5	0.6	0.2	0.2	100.0
	10億円以上	男	1.7	2.8	4.1	7.6	11.9	14.0	13.4	12.2	10.0	7.3	12.3	1.9	0.4	0.4	100.0
		女	15.3	23.5	15.3	12.8	12.4	8.8	4.9	2.8	1.7	1.0	1.3	0.2	0.0	0.0	100.0
		計	5.9	9.1	7.5	9.2	**12.0**	**12.4**	10.8	9.3	7.5	5.4	8.9	1.4	0.3	0.3	100.0
	計	男	2.8	6.2	11.5	17.7	17.9	13.6	9.3	6.6	4.6	3.1	5.0	1.0	0.3	0.4	100.0
		女	17.5	26.3	22.1	15.4	8.8	4.6	2.1	1.2	0.7	0.4	0.7	0.1	0.0	0.1	100.0
		計	8.0	13.3	15.3	16.9	14.7	10.4	6.7	4.7	3.2	2.2	3.5	0.7	0.2	0.2	100.0
その他の法人		男	4.1	10.1	16.1	19.9	16.5	10.4	5.8	4.7	3.1	2.1	4.5	1.5	0.6	0.6	100.0
		女	13.1	20.5	19.7	20.2	12.5	6.5	3.1	1.8	0.9	0.5	0.8	0.3	0.1	0.0	100.0
		計	9.0	15.8	18.1	20.1	14.3	8.3	4.4	3.1	1.9	1.2	2.5	0.8	0.3	0.2	100.0
合計		男	3.2	7.2	12.7	18.3	17.5	12.8	8.5	6.1	4.2	2.9	4.8	1.1	0.3	0.4	100.0
		女	16.5	25.1	21.5	16.5	9.7	5.0	2.3	1.4	0.7	0.4	0.7	0.2	0.0	0.0	100.0
		計	8.7	14.6	16.3	17.5	14.3	9.6	5.9	4.2	2.8	1.9	3.1	0.7	0.2	0.2	100.0

出典:国税庁「平成28年分　民間給与実態統計調査」

もちろん、お金だけじゃない。働く目的や価値観は人それぞれなので、職場選びにもさまざまな選択肢があります。

だからどれが正解で、どれが間違いとは一概に言えませんが、あくまでも「年収」に絞った場合、こんな考え方もできる、ということです。

「資本金10億円以上の電気・ガス・熱供給・水道業」に就職しても、入社後すぐに「いきなり年収800万円」になることはないし、仮に、「いきなり年収800万円」の企業があったとしても、「実力主義で、ちょっと仕事ができないと切られてしまう会社」なら、先の見通しが立たないし、安心して働けない。

給与の高さを重視して職場を選択するのなら、「生涯賃金」という尺度もあります。

生涯賃金？

生涯賃金とは、「新卒から定年までの期間に取得する総賃金のこと」で、給与・残業代・ボーナス・退職金などが含まれます。

20代は、年収が低くてもいいから、自分の実力を磨くことを重視する。その後、30代になったら「年収の高い会社に転職」して、長く勤める。そのほうが、生涯賃金を最大化できるはずです。

20代前半では、自分の好き嫌いは脇に置き、どんな球でも拾いながらビジネスパーソンとしての基礎を築く。そして、質の高い選択肢を増やす。

20代後半になったら、結果を出すことにも注力する。

「前半は選んで、後半は頑張る」ことを意識して働けば、30代に入ったときに、仕事の進め方を自分で選べるようになるはずです。

20代で応用のきくスキル（P&Gのマーケティングやマッキンゼーの読み書きスキル）、人脈（リクルート）、情報網（マスコミ各社）が手に入る会社に入っておくと、その後が有利です。

生涯賃金で考えた場合、若いうちは、給与よりも自分を磨くことを選択したほうが、結果的に得をすることもあるわけですね。

じゃあ、会社勤めではなくて、自分でビジネスをはじめるときは、どんな選択をすればいいのでしょうか？

多くの起業家が「新たなビジネスを成功させよう」と頑張っていますが、**成功の確率を上げたいのなら、「独占状態を構築できるビジネス」を選択すること**です。高収益の企業は、いずれも独占状態を実現しています。

どういうことですか？

なぜ、下請け企業が薄利でイジメにあうのかといえば、「取り換えがきく」からです。

一方で、特殊な技術やアイデアを持っていて、「取り換えがきかない存在（市場占有率が高い）」になれれば、自分たちで価格を設定できる。つまり、「プライスメーカー（価格を決められる人）」になれるわけです。

「独占状態をつくれ」って簡単に言うけど、それができれば苦労しないですよ。

そうでしょうか？　独占状態をつくるために必要なのは、人がやらないことをやること。そして、「強み」と「らしさ」を打ち出すことです。

「強み」と「らしさ」を打ち出すには、起業をする前に、次の「３つ」を考えておかなければなりません。

①自社にしか提供できない、あるいは、他社よりもうまく提供できる何かがあるか？
②特定のファンを惹きつけてやまない思想やスタイルはあるか？
③他の参入を許さないビジネスモデルがあるか？

この３つを持っている会社は、プライスメーカーになれます。親会社や取引先からのイジメにさらされることもなくなるので、倒産の３大条件である「赤字」「キャッシュ不足」「借金」を避けることが可能になるのです。

100%成功する選択肢は存在しない

「選択ですべて決まる」「選択が9割」と言われると、「最初の選択で間違えたら、もう取り返しがつかないのではないか」とか、「過去に自分がしてきた選択は間違っていたのではないか」とか、「もっといい選択があったのではないか」と思ってしまいます。

選択をする上で大切なのは「100%を求めないこと」です。100%当たる選択肢はありません。

ではどうするかというと、ポイントは次の「2つ」です。

① 「確率の高いものを選ぶ」

② 「試行回数を増やす」

行動心理学の第一人者として有名なダニエル・カーネマン（2002年にノーベル経済学賞を受賞）と、エイモス・トベルスキーが提唱した「プロスペクト理論」は、行動経済学におけるもっとも代表的な理論のひとつです。

プロスペクト理論って、たしか、「人間は利益より損失を重く受け止める」みたいな理論ですよね。

そうです。

人は、「得をしたい」という気持ちよりも、「損をしたくない」という気持ちが強いですよね。だから100%を求めてしまうのだけれど、100%というのは「詐欺の世界」にしかない（笑）。

損を回避したいあまり、結果的に損をしてしまうことだってあるし、だから1回で100%の結果を出そうとするのではなくて、**試行回数を増やして、何回かチャレンジしてみて、最終的に成功すればいい**と思うのです。

成功確率が1割だったら、「10回やれば1回当たる」のだから、10回やればいいというのが僕の考えです。

10回やれば、2回目、3回目に当たるかもしれないし、運良く1回目で成功するかもしれない。

昔、『金持ち父さん』（筑摩書房）シリーズの著者、ロバート・キヨサキさんにインタビューしたとき、彼が何と言ったかというと、「僕らは、公開株は買わない。ベンチャー株を買う」と言ったんです。

ベンチャー株は１００個に1個くらいしか儲からないけれど、その1個が「１０００倍」になれば99個損をしても、結果的に儲かります。**ある程度の損を覚悟するからこそ、損失以上のプラスを獲得できる**わけです。

「ＬＶＭＨグループ（モエ・ヘネシー・ルイ・ヴィトングループ）」って、聞いたことありますか？

世界的に有名な「70の高級ブランド」を傘下に置く、フランスのブランド企業グループです。

へぇ。グループの中には、どんなブランドがあるのですか？

モエ・エ・シャンドン、クリュッグ、ヴーヴ・クリコ、ヘネシー、ルイ・ヴィトン、ロエベ、フェンディ、セリーヌ、クリスチャンディオール、ジバンシィ、ケンゾー、ショーメ、ブルガリ、タグ・ホイヤー、ゼニス……といった、一流ブランドです。

えっ！　デパートにあるブランドほぼ全てじゃないですか！

そう。みなさんがどれを買ってもＬＶＭＨは儲かるようになっています。

では、「ＬＶＭＨグループ」のＣＥＯ、ベルナール・アルノーは、何を考えているかというと、

「ブランドには、当たりはずれ、流行り廃りがあるのだから、どれが当たるかわからない。けれど、ブランドをたくさん持っていれば、どれか当たる。全部のブランドを当てる必要はない」

という発想です。

１００％成功する選択肢が存在しないのであれば、「成功する確率が高い選択肢をたく

さん用意しておけばいい」とベルナール・アルノーは考えた。

また、「クロネコヤマトの宅急便」の生みの親、小倉昌男さんの著書『小倉昌男経営学』（日経BP社）を読んだとき、僕が「この人、スゲーな」と思ったことがあります。

それは、小倉昌男さんが、

「最初は赤字だけれど、集配車1台あたりのコストははっきりしているし、1日に何個扱えば損益分岐点を超すかもはっきりしているから、4～5年で利益が出るようになる」

と信じていたことです。

それって言い換えると、「4、5年は損をする」ってことですよね。

そう、「4、5年は損をする」のがわかっていたら、普通の人は選択しないですよね、怖いから。

でも、みんなが怖がり、「臆病になって誰もやらない」ことをやると、どうなると思いますか？

え？？？？

「独占状態」がつくれます。

だって、ほかの人は手を出さないのだから。

「選択」と「自信」の因果関係

「確率の高いもの」を選んで、「回数をこなせばうまくいく」というのはわかったけれど、「選択する」のって、ストレスがかかるというか、精神的にも負担が大きかったりするじゃないですか……。

確率の高いものをどう選ぶのか、という話はあとで詳しく説明（第2章以降）しようと思うけれど、たしかに選択は、すごくストレスがかかりますね。

そればかりか、**選択というのは、「間違うと自信を喪失する」**んです。

僕は「自信こそ、生きる上で一番大事なエネルギー」だと思っています。生きていく上で、自信を失うことが一番怖い。

自信があれば、たとえ失敗しても、次にまた頑張れるんです。だけど、自信をなくすと、人は意欲を失ってしまう。

人は、お金を失ってもくじけない。けれど、自信をなくしたら終わりです。

バリー・シュワルツの著書『なぜ選ぶたびに後悔するのか——オプション過剰時代の賢い選択術』（武田ランダムハウスジャパン）を読むと、「選択肢の中から、最適なものを導き出そう」という気持ちの中に、罠があることがよくわかります。

罠とは、どういうこと？

今の時代、とくに若い人たちは、インターネットで検索をかけて膨大な情報を集めて、そのすべての選択肢の中から、最適なものを導き出そうとするのだけれど、結局、**選択肢が多すぎて、「選択を見送る」という選択をしてしまうことがあります。**

そのとき、人間の潜在意識で何が起こっているかというと、「今回、自分は選択ができきなかった」という自意識を覚えるようになる。
その結果として、「選択ができなかった自分」に自信が持てなくなります。

選ばなかったことによって自信を喪失することがある、ってことですね。
ということは、正しいか正しくないかはわからなくても、とりあえず、バンバン選択したほうがいいということですか？

そうです。バンバン選択したほうがいい。**選択において大切なのは、正しさよりも、速さです。正しいかわからなくても、ひとまず選択をする。**そして、間違いに気づいたら、やり直せばいい。

僕は父親からビジネスについて教わったことはあまりないけれど、唯一、こう言われたことを覚えています。

「何でもいいから試してみて、ダメならすぐにやめろ。グダグダ続けると損が拡大する。すぐに手を引けば、何をやってもいい」

「即断即決、即行動が大事」と言われる理由のひとつは、「自信を失わないため」です。
たくさんの情報を集め、情報を吟味し、その結果迷いが生じて結論を先送りにすると、自信を喪失してしまう。

なので、

①**「選択肢を過剰に増やさない」**
②**「選ばなかったことによる自信喪失を防ぐ」**

この2つは覚えておいたほうがいいです。

人間が行動できないのは「損得」で判断するから

損得で考えると、人間は行動できなくなります。なぜかというと、「得が確実なケースはない」からです。

一方で、「損が確実なケース」は結構ある。

「大きく得をする可能性がある」ことがわかっていても、「大きく損をしてしまう可能性」に怯《おび》えて決断できないことって、ありますよね？

そんなとき僕は、次のように考えて感情をコントロールしています。


「こんな体験は、めったにできない」


仮に、「世界で10台しかない、8000万円の高級車」を買おうと思ったとします。この高級車は、将来的に価格が1億円に値上がりするかもしれない。けれど、6000万円に下がるかもしれない。

このとき多くの人は、損にフォーカスして、「2000万円も負けたくないから、買わない」という選択をしがちです。

でも、「たとえ損をしたって、こんな体験はめったにできない」と考えてみたらどうでしょうか。

「2000万円支払って、世界で10台しかない高級車のオーナーになり、実際に運転した」という経験は、普通の人にはできません。

ということは、「世界で10人しかできない体験」をすることに価値を見出せるのであれば、2000万円の金銭的な損失を受け入れることができるわけです。

買うか買わないか、やるかやらないか、行くか行かないか、といった選択に迷ったとき、人からアドバイスをもらいたくなるのですけど、人に聞けば聞くほど、かえって迷ってしまうことがありますよね。

その気持ち、よくわかりますよ、僕も。

以前、「こんな体験は、めったにできない」と思いつつ、それでも不安になって、「買うか、買わないか」迷ってしまったことがあります。

そこで、ある人に相談をしたんです。相談した結果どうなったかというと、決断するまでに時間がかかってしまい、結局、僕が悩んでいる間にチャンスを逃してしまいました。

不安になっているときって、誰かが「やめたほうがいいよ」と言ってくれるのを待って

8000万円で
購入
2000万円
の損
世界で10人しか
できない体験

いたりするものです。

このとき僕が学んだのは、

「『自分の意思決定を覆《くつがえ》すような新事実が出てきた場合を除いて、9割やる』と決めたときしか、アドバイスを受けてはいけない」

ということです。

「9割やる」と決めていない状態でアドバイスを受けると、Dさんでさえ「やめる」という選択に流れてしまうのですね。

僕は大学時代に、印南一路《いんなみいちろ》先生（日本の政策学者で、慶應義塾大学総合政策学部教授）のゼミに入っていて、「意思決定論」を学びました。

なので、この分野に関してはそれなりに学んだつもりですが、人間は、「正しい」と思っているのに行動に移せないときがあります。

だから、「決定をするための意思決定のノウハウ」を学ばないといけないんです。ようするに、「人間の心理を理解する」ということです。

そして、「人間の心理に逆らうロジック」を頭の中でつくっておかないと、損得という選択基準から抜け出すことができません。

人間の心理に逆らうロジックって、どういうこと？

「こういうときは、自動的にやる」
「こういうときは、自動的にやらない」
というルールを明確に決めて、そのルールに従うのもひとつの方法です。

たとえば、投資家の村上世彰《むらかみよしあき》さんは、
「期待値が『1』を大きく上回っているときは、投資をする」
というルールを決めているそうです。期待値が「1」というのは、100万円を投資した場合、100万円のままでいる確率が100%ということです。

村上世彰さんが重要視しているのは、リスクでも勝率でもなくて、「期待値」です。

100万円が2000万円（20倍）になる可能性は10%、一方で0円になってしまう可能性が90%あるとき、期待値は20×10%=「2」。このとき、多くの投資家は「投資をしない」という選択をします。損をする可能性のほうが高いから。

けれど、村上さんは、期待値が「1」を大きく上回っているので、投資をする。そして、2000万円になる可能性を「10%から上げることができないか」と考えているそうです。

一度ルールを決めたら、基本的には例外をつくらない。**ルールに当てはまっているのであれば、損得を抜きにして、自動的に「やる」と決める。**状況が変わったらルール変更するのは大事だけれど、でも、よほど状況が変わらない限り、ルール変更はしないほうがいい。

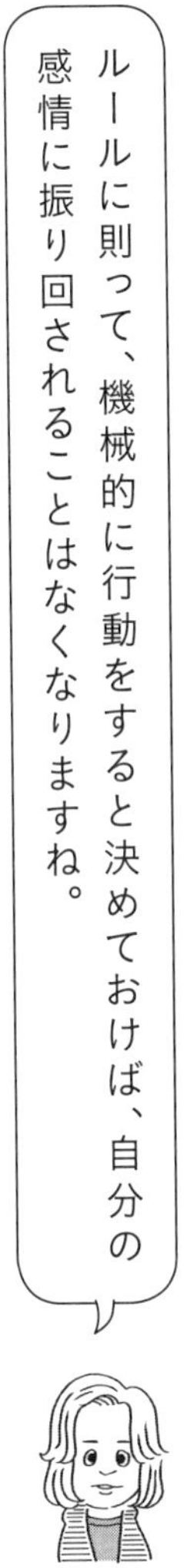
ルールに則って、機械的に行動をすると決めておけば、自分の感情に振り回されることはなくなりますね。

欲と恐怖が絡んでいるときは、自分の心理状態を冷静にウォッチすることが大切です。
僕はこれまで、「優秀な人」をたくさん見てきたけれど、**優秀な人間が「バカな選択」をするときは、たいてい、「欲にかられたとき」か「恐怖心に抗《あらが》えなかったとき」でした。**
人は、欲と恐怖に支配されやすいものです。欲と恐怖に支配されると、人間は理性的に行動できません。

欲と恐怖に支配されないためには、どうすればいいの？

損が恐怖を生み、得が欲を生むのだから、僕なら、**「損得」という選択基準を「別の基準」に変える**でしょうね。

「この高級車を買ったら儲かるかもしれない。だから買おう」「この高級車を買ったら、損するかもしれない。だから、買わないでおこう」と損得で考えるのではなく、別の基準に変換してみる。

たとえば、「カッコイイか、カッコ悪いか」を判断の基準にして、「この高級車を買える自分はカッコイイ」と思えたなら、買ってみるとか（笑）。

以前、マリンスポーツの普及を目的とした「マリンリゾートの建設」を考えている方（Aさんとします）とお会いしたことがあります。

僕はAさんに、

「マリンリゾートを本格的にやりたいなら、イタリアのサルデーニャ島を見てくるといいですよ。マリンアクティビティが充実したホテルがあるので、参考になると思います」

とアドバイスをしたことがありました。

ですがＡさんは、最初は渋ったんですね、サルデーニャ島へ行くことに。

理由は、お金がかかるから。言葉が通じないから。行ったことがない国だから。ビジネスの参考にならなければ、損だから。

「視察に行く」という選択がすぐにできなかったのは、損得が判断基準になっていたからですね。サルデーニャ島に行くことのプラス面よりも、「出費」というマイナス面を先に考えてしまったから、選択できなくなった。

「最初は渋った」ということは、結局はサルデーニャ島に行ったのでしょうか？　Ａさんの価値観は、どのように変わったのでしょうか？

僕はこう言って、Ａさんの判断基準を変えました。

「奥さんともう一度ハネムーンに行くと思ってください。奥さん、絶対に喜ぶと思いますよ。奥さんと旅行のついでに、ビジネスの役に立つ視察ができる、と考えてみてください。『お金がかかる』という損に目を向けるのではなくて、『奥さんが喜ぶ』と考える。視察に行くのではなく、『旅行に行く』と考える。そうすれば、仮に、ビジネスの役に立たなくても『損をした』ことにはなりませんよね」

結局、Aさんはサルデーニャ島へ行って、ものすごいセレブや有力者との出会いがあり、現在、愛する地元のリゾート開発に第一線で取り組んでいます。

失うものに目を向けないこと。

最悪失敗しても、絶対に得られるものがあるはずなので、「失う」から「得られる」に基準を変換することが大切です。

第2章

「選択基準」を明確にする

「魅力的じゃないもの」「難易度が高いもの」こそ、最良の選択

100%成功する選択肢はないけれど、「成功する確率の高い選択肢」はあるので、それを選ぶのが目利きの基本です。

さきほど例にあげた「LVMHグループ」は、75のブランド(2019年8月現在)を傘下に置いていますが、どのブランドも、「超一流ブランド」だからこそ、「当たる確率」が高いわけです。

傘下に置いているブランドが弱小だったら、たとえ1000ブランドを傘下に置いても、当たる確率は低くなります。

ということは、数ある選択肢の中から、「成功する確率の高いもの」を見極めないといけないわけですよね。でも、目の前にある選択肢の「成功の確率」なんてわかるのですか？　どうやって「確率の高いもの」を選んだらいいのですか？
たとえば、Dさんの目の前に「10個」の選択肢があったとしたら、どのような基準で選択をするのですか？

そうですね、僕は基本的に、

- **「魅力的じゃないもの」**
- **「難易度が高いもの」**

を選ぶようにしています。

なぜ、「魅力的じゃないもの」「難易度が高いもの」を選ぶのかというと、多くの人が手を出さないからです。

本業や自信のあるジャンルであれば、「難易度が高いもの」。本業ではないジャンル（知識のないジャンル）であれば、「魅力的じゃないもの」を選びます。

なので、本業の出版コンサルティングであれば、「難易度が高い案件」を選ぶ。

けれど、たとえば「投資」は僕の専門外だし、僕には能力がないことがわかっているので、「魅力的じゃない案件」を選びます。

僕が代表を務める「エリエス・ブック・コンサルティング」のメディアハウス（オフィス）は、東京の渋谷区内にあります。この不動産は、多くの人にとっては、魅力的ではなかった。だからこそ僕は、あの物件を購入したんです。

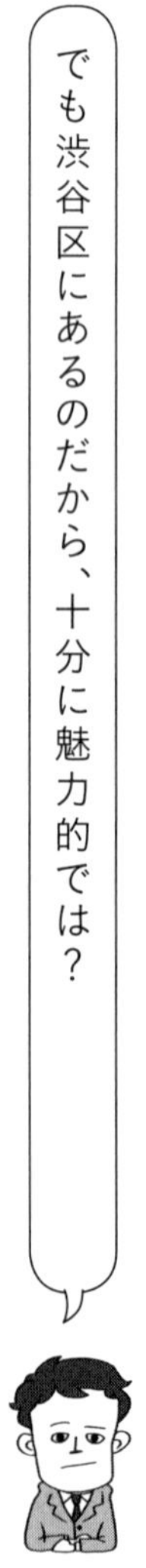
でも渋谷区にあるのだから、十分に魅力的では？

でも、立地の割には安かった。なぜ安かったかというと、撮影用のスタジオがあったからです。普通の人は、スタジオがあっても活用できませんよね？「これ、どうやって使うの？」みたいな（笑）。使い勝手が悪すぎる。

でも、僕のようにメディアの仕事をしていると、カメラマンや編集者に「レンタル撮影スタジオ」として貸し出すことができます。

魅力的なものは誰もがほしがる。それでは差をつけることはできない、ということですね。

それに、「魅力がないもの」に魅力を与えたり、難易度の高い選択を実現できれば、さきほどDさんが言っていたように「独占状態」をつくることができそうです。

その通りです。
僕が「ビジネス書」に目をつけたのも、かつては、ビジネス書が今ほど魅力的なジャンルではなかったからです。
今でこそ、ビジネス書はよく売れているけれど、僕が「Amazon」にいたころは、まだマイナーなジャンルでした。小説とかマンガとか、エンターテインメント系の本のほうがたくさん売れていたんですね。
それでも僕は、「ビジネス書は、おいしい」「ビジネス書のジャンルなら、勝てる」と思った。

なぜ、おいしいと？　なぜ勝てると？

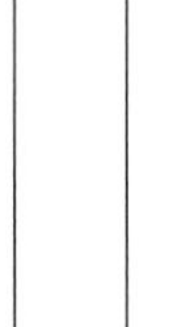

ビジネス書は、エンターテインメント系の本と比べると、「値段と中身の乖離《かいり》が大きい」からです。

どういうことですか？

ビジネス書は「非常に価値の高い情報を安く売っている」ということです。**勝てる投資家がどこに目をつけているかというと、「価値があるのに、値段が安い投資先」です。**

投資で一番パフォーマンスがいいのは、「バリュー投資」といわれる投資法です。

すみませんが、バリュー投資ってなんのことでしょうか？

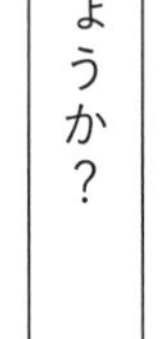

バリュー（割安株）投資は、

「現在の株価が、その企業水準などから判断して『割安』になっている銘柄を買う投資方法」

のことです。

統計上、「価値が高いのに値段が安くなっているもの」に投資したほうが、勝つ確率が高いことがわかっているんですね。

投資には、バリュー投資のほかに、「グロース（成長株）投資」という方法があります。企業の成長性が「市場平均よりも高い」と期待できる銘柄に投資する手法で、ようするに「成長著しい銘柄に投資する方法」ですが、僕は、グロース投資よりも、バリュー投資のほうが儲かると考えています。

ようするに、「常に割安を買う」のがビジネスの鉄則なのですね。

そうです。金森重樹さん（不動産、建設、ホテルチェーン、医療法人、福祉事業などグループ年商１００億円の企業グループのオーナー）が『モジュール化――新しい産業アーキテクチャの本質』（青木昌彦・安藤晴彦編著／東洋経済新報社）の考えを発展させてビジネスを成功させたように、ビジネス書に書かれてある内容は、場合によっては「億の価値」がありますからね。

「億」の利益を生み出す情報をたった１５００円程度で売っているのですから、「割安」

と言っていい。

1冊の本が「億のビジネス」を生むのであれば、たしかにビジネス書はバリューが高いですね。

そう。けれど、僕がAmazonでビジネス書のバイヤーをはじめたころは、ビジネス書はマイナーだった。だからこそ僕は「勝機がある」と踏んだ。

そして実際、その通りになった、と。すごいですね！

「自分の適性」に合う選択をしたほうが成功しやすい

自分の適性や競争相手から判断しても、僕にとって「ビジネス書」はおいしかった。

自分に「適性があるかどうか」も大切な選択基準です。成功確率が「50：50」なら、適性のあるほうを選んだほうがいい。

僕は、エンタメ系の本より、ビジネス書のほうが向いていたと思います。もし僕がエンタメ系を選択していたら、まったく歯が立たなかったでしょうね。

「多くの人にとって魅力的ではないジャンル」や、「多くの人がまだその魅力に気づいていないジャンル」をピックアップして、その中で、自分の適性に合ったものを選択すれば勝率が上がる、ということですか？

そういうことです。ようするに、「自分の城を持つ」という発想です。

そもそも、**お城というのは戦略的に「非対称な条件」をつくるために存在していました**。自軍は城の上から槍を飛ばして敵を倒す。けれど、敵軍が下から槍を放っても、城壁を超えることはない。こうした非対称をつくり、敵が攻め込めないようにしたんです。

Dさんは、どうやって自分の適性とか特性を見極めたのですか？

僕の適性を考えると、行き着くところは、自分のルーツにある気がします。

たとえば、僕は「有名人」と仲良くなりたいとは思っていません。どちらかというと、「有名人をサポートしている職人たち」と仲良くなりたい。

あまり表には出ていない「隠れたプロフェッショナル」みたいな人のほうが好きだから、ビジネス書のプロデューサーとしては適役だと思っています。父親が職人だったから、そもそも僕は職人が好きなんですね。

それと、僕は自分のことを「女性的なところがある」と思っていますから（笑）、男性的な職場では活躍できない。出版のように言葉を扱う仕事って、女性が多いですよね。

「友だちが少なかった」ことも、僕の適性に関係していると思います（笑）。僕が子どものころにたくさんの本を読むことができたのは、友だちが少なかったからです。遊び友だちが大勢いたら、本を読む時間なんて取れないですからね。

「友だちがいないこと」って、社会的にはマイナスなイメージがありますけど、出版業ビジネスにおいてはプラスだと思います。

本をたくさん読んできたからこそ、会話の質が上がったと思うし、会話の質が上がったからこそ、自分と同じ質の人、あるいは自分よりも質の高い人と知的な会話をしたいと思

第２章
「選択基準」を明確にする

うようになった。だから僕は、出版業界に合っていると思います。

Dさんは、まだ多くの人がビジネス書に注目をしていないときから、「ビジネス書」のバイヤーとして、「ビジネス書」の書評家として、「ビジネス書」のプロデューサーとして、自分の城を建てた。だから、競争相手に先んじることができた、ということですね。

おかげさまで。

需要と供給を読み、割安なものを買うのが投資の極意

Dさんが投資をするとき、どんな選択基準で投資銘柄を決めているのですか？

投資に関しては、ウォーレン・バフェットやジョージ・ソロスはじめ、投資のカリスマたちが素晴らしい言葉を残していますので、僕のつたない経験に、カリスマたちのメッセージを加えて、お話ししたいと思います。

まず、僕自身が投資に興味を持ったのは、中学生のとき、宮川総一郎さんが描いた『マネー・ウォーズ』（クイン出版）というマンガを読んだのがきっかけでした。

この本はマンガでありながら、投資の基礎と、売買の技術を詳しく解説しており、これだけ読めばすぐに投資がはじめられるほどの内容でした。

実際には、このマンガをきっかけにいろいろと投資関連の本を読みはじめ、実際に株投資をはじめたのは、社会人1年目、最初のボーナスが出たときでした。

その時の結果は？

人生最初の投資は、50万円投資して10万円の負け。

相場が上がっているときに、「有名」というだけで割高な株を買ったのですが、今思い出しても負ける要素が満載の恥ずかしい投資でしたね（笑）。

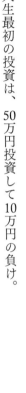

その後は、日本株、中国株、為替で勝ち続け、金額こそたいしたことはありませんが、20代で資産を3倍にして、その一部を現在の会社の資本金としました。

「Amazon」時代の僕の仕事も、投資のようなものでしたね。

バイヤーの仕事は、自分の判断で「数百万円~数千万円」を動かすことになります。注文のトータルを見れば、億は軽く超える金額。はっきり言って投資と同じです。むしろ、相場が天井に至るまで付き合わなければいけない分、メンタル的には投資以上にタフな仕事でした（バイヤーは在庫を切らすわけにはいかない）。

たまに、個人投資家で「自分は天井を当てられる」といった発言をしている人がいますが、僕に言わせれば、それは「リスクを知らない人間」の言うことだと思います。

自分が売ったあとの株価なんて正直知ったこっちゃないし、現在の株価が10年先の価値を織り込んでいるなら、11年目を待たずに、さっさと売ったほうがいいに決まっています。

「理論値」を信じている人は、「現実の経営を知らないおめでたい人」というのが、バイヤーを経験した僕の率直な感想です。

バイヤーをやっていたとき、リスクを減らすために、どんな手を使っていたのですか？

僕が取り組んだのは、積極的に予約注文を取りに行くことでした。

なぜかというと、予約販売の場合、注文を取ってから現物を仕入れるため、在庫リスクが少なくなるからです。

となると、やることはただひとつ。

他の企業よりもいち早く新刊情報を手に入れて、予約販売を開始することです。

それともうひとつ重要なのは、その本が「初版の時点で何冊刷られるか」という供給情報を先に押さえること。もし、需要が著しく大きくて供給が不足しているなら、大量で注文してもリスクはかなり少なくなります。

需要と供給に関する情報をいち早く押さえ、できれば需要が大きく、供給が少ない商品を仕入れること。この考え方は、株や不動産投資に関しても適用することができます。

どうしてですか？

みなさんは、世界一の投資家、ウォーレン・バフェットの「通行料が取れる橋を買え」という言葉をご存じですか？

残念ながら聞いたことありません。

それでは詳しく説明すると、仮に本州にA町、本州からすぐの島にB町があり、2つの町を結ぶ橋があったとします。

住民がA町からB町に移動するとき、必ずこの橋を通らなければならないとすると、通行料を取れれば、確実に儲かるわけです。

このように、需要が多くて供給はひとつしかないものを買えば、リスクなしに儲けることができる。バフェットはこのことを「橋」にたとえたのです。

ちなみにこうした企業は「消費者独占型企業」と呼ばれ、消費者からの圧倒的な支持を受けているブランド企業です。消費者独占型企業は不況にも強いですし、仮に不況で値下がりするようなら、「買い」の銘柄となります。

第２章

「選択基準」を明確にする

ということは、お客様から圧倒的支持を受けている企業が割安で放置されているときは狙い目ですね。

需要と供給を読み、その上で割安なものを買うことは、投資において重要なことなのです。

よく、データだけを見て現在価値や収益率から企業を判断する人がいますが、データをいくら見ても、「なぜ顧客に支持されているのか」、その根源的理由に目を向けなければ、ある日突然暴落、ということになりかねません。データはあくまで過去のものだからです。

僕はバイヤーとして、これから売れるものを読み、当ててきました。その経験から言えば、「まだ市場関係者が誰も気づいていない価値」にいち早く気づき、さっさと買い占める。これが投資の王道ではないかと思います。

「無料」の中に、良い選択肢はあるはずがない

僕はずっとマーケティングを勉強してきたからわかるのですが、**人間は「無料」という**

言葉に過剰反応します。人間は無料に弱い。

私も、無料は大好きです。

無料が好きなのは、「自分は損をしない」と思っているからです。でも、そんなことはないんです。

「無料」という言葉に弱い人は、自分は得しているつもりでも、実際はもっと大切なものを奪われています。

考えてみてください。

どうして、「Yahoo!」や「Google」のサービスは無料で手に入るのですか？

それは、「Yahoo!」や「Google」が「広告収入」で稼いでいるからです。そして、広告を出している企業には、広告費を払ってでも、ペイできるしくみがあります。

みなさんは、「無料だ」と思っていろいろな情報を見ているかもしれませんが、頻繁に広告と接触しているうちに、本当は必要ではない何かを「ほしい」と思わされて、知らないうちに購入し、お金を失っているわけですね。

企業が「Yahoo!」や「Google」に広告費を払って商品を宣伝する。私たちが広告の商品を買う。すると企業が儲かる。企業は儲かったお金からまた広告費を払って商品を宣伝する。そしてまた私たちが買う。そうして私たちはお金を失っていく、と……。

直接的に「Yahoo!」や「Google」にお金を払っているわけではないけれど、商品を購入した企業から間接的にお金が流れているわけですね。

そうです。

では、無料セミナーは？　無料でノウハウが手に入るのだから、おいしいのでは？

「無料セミナー」に参加しても、あまり効果は期待できないと思います。

もちろん、「出版記念セミナー」をはじめ、何かの記念に行われるものは例外ですが、

一般的には、無料セミナーや金額の安いセミナーに通っても、「時間のムダ」に終わるこ

とが多い気がします。

でも、安いセミナーの中にだって、いいセミナーはあると思う。

完全否定はしませんが、現実には、微妙ですね。

セミナーの価値は、次の公式で決まると僕は考えています。

・セミナーの価値＝「①行動を促す要素」×「②方法論の秀逸さ」×「③講師と知り合うメリット」×「④参加者と知り合うメリット」

まず、1番目の「行動を促す要素」ですが、オリジナルのコンテンツを持たない人、はっきり言うと、「人のコンテンツを拝借しているだけの講師」は、ここを正確に語ることができません。

自分自身が行動していないため「どうしたらいいか」という各論が語れませんし、自分自身がメリットを享受していないので、情熱が持てない。

2番目の「方法論の秀逸さ」も、単なる受け売りであれば、あとから陳腐化する危険性があります。やはり、情報は鮮度が重要なのです。安いからといって、古い魚を並べる魚屋さんに行ってはいけないのです。

3番目の「講師と知り合うメリット」ですが、これも安いセミナーの講師と高いセミナーの講師では大きな違いがあります。

仮にみなさんが教えてもらったことを実行しようとした場合、高いセミナーの講師は、最高の人脈・手段を用意することができます。

一方で安い講師は、自分のレベルに合った人脈しか用意できません。

そして最後、4番目の「参加者と知り合うメリット」。参加者は「これから成長していく人たち」ですから、今の段階で知り合っておけば、将来、大きなメリットがあります。

では、みなさんに質問します。

将来性のある人間は、自己投資にお金を惜しむでしょうか？　それとも惜しみなく自己投資するでしょうか？

惜しみなく投資すると思う。

ですよね。

リーマン・ショックのあと、「キャッシュバックセミナー」を開催したことがあります。

セミナー代金として1万円先払いしてもらい、セミナー当日、参加者に1万円返すという、実質的に「無料」のセミナーです。

ずいぶんひねくれていますね。最初から無料にすればいいのに（笑）。

リーマン・ショックによって景気が後退すると、投資意欲が冷えるので、「セミナーに参加しよう」という人も少なくなります。でも僕は「それはおかしい」と思ったんです。

なぜ？

投資というのは、「リターンが投資を上回る」からやるわけですよね。だとすれば、「景気が悪いから投資をやめる」というのはおかしい。

景気が悪くなると、たいていのものが安くなるのだから、「むしろ投資をすべき」なんです。でも、多くの人がわかっていない。

景気のいいときにはセミナーに参加するけれど、不況になったら自己投資しない、なんてバカな話はありません。もしそうだとしたら、もともとそのセミナーは単なる趣味か娯楽にすぎなかったのでしょうね。

できる人というのは、いつだって不況のときにお金を使っています。誰もが悲観したときに割安で株を買い、上昇したら売る。だからこそ儲かる。これに対して、損する人というのは、いつも逆を行っています。

問題は、不況時に投資できない自分のライフスタイルやお金の使い方が悪いのであり、不況が原因ではないのです。

定員は180人でしたが、たった2時間で埋まりましたよ。実質無料だから。

僕は頭にきて、セミナーの最初から最後まで、ずっと説教をしてやりました（笑）。

「あなたたちは、タダだから来たんでしょ。でもね、タダより高いものはない。だってあなたたちは、2時間、ずっと説教を聞かされるはめになったんだから。タダの情報に食いついているうちは二流です。あなたたちは、僕のことは知っていたけれど、お金を払ってまで話を聞いてみようとは思っていなかったんですよね？　タダだから来たんですよね？　だからダメなんだ」

って（笑）。

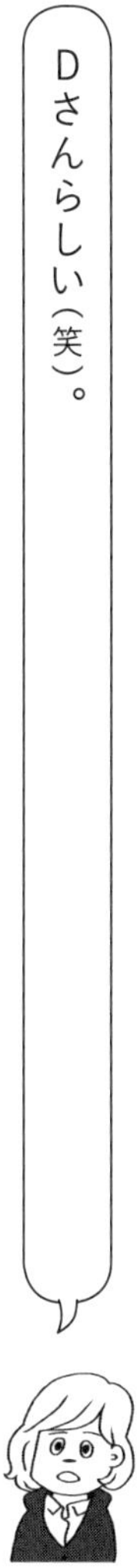

参加者の多くは、僕の説教を聞いて「なんでこいつにそこまで言われなきゃいけないんだ」と腹を立てたと思うのだけど、なかには、「D氏はムカつく奴だけれど、だったら、D氏のセミナーを全部受けてやろうじゃないか」という気概のある人もいた。『人生がときめく片づけの魔法』（サンマーク出版）の著者、こんまりさんも、そのひとりです。

彼女は、この後、『社長のためのマーケティング力養成講座』など、うちの教材やセミナーに積極的に投資をしました。その結果、どうなりましたか？　アメリカでも有名になり、投資額を大きく上回るリターンを得ましたよね。

どうして、多くの人は自分の教育に投資できないのですか？

多くの人が教育に投資できないのは、投資の絶対額に目を奪われているからです。

以前、秋田に講演に行ったとき、集まった参加者に少しイジワルな質問をしたことがあります。

「僕が『絶対に1億円儲けさせる方法』を教えると言ったら、聞いてみたいですか？」

会場にいたほとんどの人が手を挙げました。続いて僕が、

「受講料は500万円です。それでも参加しますか？」

会場にいるほとんどの人が手を挙げませんでした。

おかしくないですか？

500万円支払えば、1億円儲かるのに、手が挙がらないんです。

1億円のリターンより、500万円の支出に痛みを感じるからですよね。

では、金額を下げて考えてみましょう。500円投資して、1万円儲かる案件があったら投資しますか？　しますよね。

でもよく考えてみると、500万円投資して1億円儲けるのも、500円投資して1万円儲けるのも、リターンの比率は一緒です。

500円だったら投資をするのに、500万円だと投資をしないのは、「絶対額」に騙《だま》されているからです。

タダだと食いつくのが大衆。絶対額が安いと食いつくのが大衆。大衆でいるかぎり、お金を儲けることはできないと思います。

野《の》口《ぐち》悠《ゆ》紀《き》雄《お》さんが『「超」納税法』（新潮社）の中で書いていたけれど、どんなに頭の中が賢くなっても、そこに税金は課せられません。

普通、企業の生産力が上がると税金は増えていきますが、自分がどれだけ賢くなって生産力が上がっても、国は頭の中に税金を課せられない。だから、教育が最強の投資なんです。

物事を判断する力を身につけようと思ったら、「さまざまな決断の局面で、他のものにたとえてみたり、視点を変えてみる」ことをおすすめします。

「魚屋さんだったら、鮮度の落ちた魚を買うだろうか」

「1億円のダイヤモンドを守るのに、銃も刀も使える若くて屈強な男と、素手の老人、どちらをボディガードとして雇うだろうか」

目先のお金や欲に惑わされなければ、正しい情報やサービスを正しい値段で買うことが可能になります。

そのためには、仮に値段が高くても、まずはいいリターンの商品を買うことからはじめてほしいと思います。

『フリー〈無料〉からお金を生みだす新戦略』（クリス・アンダーソン／ＮＨＫ出版）という本も売れましたよね。

なんで無料がダメかというと、「みんながやるから」です。

無料に食いつく人は大勢いるのだから、その中にいい選択肢が残っているはずはありません。

「無料になった瞬間」に限っていえば、選択肢が残されているかもしれませんが、それは、格安航空会社が用意した「1席100円」の航空券を取りにいくようなものです。

「その航空券を摑める幸せな人間になれる」とは、絶対に思ってはいけない。そんな幸せな人間は、ほんのひと握りです。

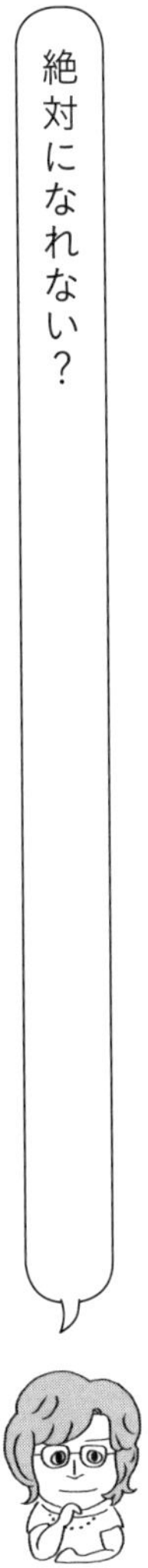

少なくても「絶対になれない」と思わなくてはいけない。でも人間は、「自分だけは……」と思いがちなんです。「自分だけは、おいしい思いができるんじゃないか」とか。

まず、「自分は特別」だという感情をなくしたほうがいいのです。

人間も、基本的には、確率の中の一部です。

だから、「自分だけは特別」と思うことなく、**「世の中の成功確率と自分の成功確率は一緒だ」**と思うべきです。

lcc
¥100!!

今の手段で実現できないのなら、新しい手段を考える

世の中の成功確率と自分の成功確率は、基本的に同じです。でも、**自分の成功確率を上げることは、「努力」と「工夫」でできます。**

僕が以前、テレビを観ていて「この名人、すごいな」と思った方がいます。

その方は「はまぐり名人」で、「ほかの漁師は絶対に潜らない深さ」まで進んでいく。するとそこには、とても大きなはまぐりが生息しています。

ところが、深いポイントですから、水圧が強すぎて手の力だけでは採ることができません。そこで名人はどうしたかというと、腰の力を利用することにした。不格好だけれど、腰に道具をくくりつけて漁をしたんです。つまり、「工夫をした」んです。

ほかの漁師が潜らない水深まで行き、ほかの漁師がやらない方法ではまぐりを採る。その結果、市場で高値がつく「はまぐり」を名人が独占できるようになりました。

なるほど。まず「誰も進まないところまで進む」という選択をして、その選択を正しいものにするために「腰を使って採る」という工夫をしていたわけですね、名人は。

そうです。

多くの人は、「採れるか、採れないか」で選択しがちですが、それは、「今と同じ手段」を使うことを前提にしています。今の手段で実現できないのなら、新しい手段を考えればいい。

この名人がすごいのは、「デカいはまぐり」を夢見て、「深いところで漁をする」という選択をしたことです。

僕はよく、「どうすれば、クリエイティブな発想ができるようになりますか？」という質問を受けるのですが、クリエイティブになりたければ、この「はまぐり名人」のように、最初に「夢」を見ることです。

夢を持たない人が、クリエイティブになれるはずはないですから。

よく大人はDさんのように「夢を持て！」と言うけれど、夢はそう簡単に見つかるものではないですよね。

夢を見る力を養いたかったら、「自分にないもの」を考えてみたらいいと思います。

今の世の中には、モノがたくさん溢れているけれど、だからといって、何でも揃っているわけではない。

たとえば、「友だちがいない人」であれば、友だちがいない人でも楽しめるコンテンツをバーチャルの世界の中でつくってみるとか……。

「自分に一番不足しているもの」を原動力にすると、人は誰でも天才になれると僕は思います。

では、Dさんにとって「ないもの」は何だったのですか？　Dさんの原動力は？

僕の子ども時代は、「知的なもの」がなかった。それから「都会的なもの」がなかった。

だから「知的で、都会的なもの」を追い求めた結果として、出版の仕事を選んだのです。

「すでにあるもの」「すでにやっているもの」に目を向けたところで、**エネルギーも創意工夫も湧いてこない**ですよね。

だから、「ないもの」を起点に創造することでしかクリエイティブは生まれないと思います。

ピンときたらＧＯ《ゴー》（ピンＧＯの法則）

Ｄさんはいろいろな情報を持っているから、たくさんおいしい思いをしてきたはずですが（笑）、チャンスを逃して後悔したことはないのですか？

こうやってみなさんに「選択のしかた」をお教えしているのに、しょっちゅう、後悔していますよ。「あれもやっておけばよかった、これもやっておけばよかった」って。

僕の場合は、**「自分の都合」を優先するあまり、チャンスを逃してしまったことが多い**

ですね。

会社を立ち上げて3年くらいのとき、僕のところに、「ある企業を買わないか」と買収の相談を持ちかけられたことがありました。

その会社は破綻していたので、買収にかかる金額を考えても、今思えば、買うことができたはずです。けれど当時の僕は、「買えるわけないよ」と思い、断ってしまった。

なぜ、「買えるわけないよ」と？

破綻した会社を立て直すには、根性がいります。けれど、会社が伸びている最中だったので、自分の会社に注力すべき時期だったし、そもそも僕には、会社を買収した経験がない。だから、「このタイミングでくる？　今は手いっぱいでほかのことには手がつけられない」と思ってしまった。

でも、断ったのは失敗でした。あのとき、「買う」という選択をしていたら、今とは違う人生を歩んでいたでしょうね。

それから、「ユニクロ」の株も、「Yahoo!」の株も、「これは、上がりそう」という予感があったのに、結局スルーしてしまいました。スルーせずに買っておけば、かなり儲かったはずです。

「ユニクロ」も、「Yahoo!」も、「上がるかも」と思ったのに、どうして買わなかったのですか？

「ユニクロ」を知ったのは新卒1年目、「Yahoo!」を知ったのは大学時代でしたが、当時の僕は、選択眼が今ほど成熟されていなかったので、「情報をたくさん集めてから判断しよう」と思ったからです。

どれほど情報を集めても、その選択が100％正しいかはわからないのに、損することを恐れてしまい、即決できなかったんですね。

為替相場も、株式相場も、自分の都合とは関係ありません。上がるものは上がるし、下がるものは下がる。

世の中は、あなたの状況を考慮しない。チャンスは、こちらの都合を待ってはくれない。だから、「何かが落ち着いてから」とか、「自分の準備が整ってから」と自分の都合を優先していると、チャンスを逃してしまいます。

つまり、自分の状況が整っていなくても、おいしい話が来たら「とりあえず、乗ってみろ」と？

乗ったほうがいいですよ、絶対に。それはもう、「ピン」ときたら「GO（ゴー）」です。「ピンGOの法則」ですね（笑）。

ピンときたら、「やる」と決める。決めたあとで、やり方を工夫すればいいんです。

Dさんは、「直感」について、どう思われますか？　自己啓発の本を読んでいると、「直感が大事だ」って書いてあるじゃないですか。「ピン」とくるっていうのも、直感に似ている気がするのですけど。

僕が思う直感の定義は、**「筋のいい選択肢を思い切って選ぶこと」**です。

「筋のいい」とは、成功する確率が高い、という意味です。

たしかに、「直感を信じて選択した結果、成功した」という話もよく聞くけれど、成功した人の多くは、そもそも、基本的な金銭教育やビジネス教育を受けている人が多い印象ですよね。

そういう人は、キャッシュフローが増えるほうとか、顧客名簿が増えるほうとか、ストックが増えるほうとか、将来的な利益が増えるほうを選んでいるに決まっています。

だから、ある程度までは、考えて、考えて、考えて、選択肢を絞り込んで、そして、最後に残った「筋のいい選択肢」の中からワクワクするものを「エイヤー！」と思い切って決めるのが、僕の考える直感です。

勉強をしていない人が、絞り込めていないたくさんの選択肢の中から「エイヤー！」と決めるのは、「直感」ではなく、「無謀」です。

知識と教養と経験がある人が、最後の最後に「どれにするか」を決めるのが直感だと。

そうだと思います。

成功している人は、「エイヤー！」の前に、絞り込んでいる。僕だって、やみくもにサイコロを振っているわけではありませんからね。

エイヤッ！
！
ヨシッ

縁ができたらGO《ゴー》（縁GOの法則）

日本には「縁」という素晴らしい言葉があります。

以前、フランスのファッションデザイナー、ピエール・カルダンさんの講演を聞いたことがあります。

ピエール・カルダンさんが日本進出を決めたのは、フランス通信社のカメラマン、高田《たかた》美《よし》さんとの「縁」がきっかけだったそうです。

高田美さんは、カルダンさんの知遇を得てカルダンさんの作品の撮影をするようになり、その後、カルダンさんの右腕として活躍しました。

日本の市場は必ずしも大きくはありませんから、仮にカルダンさんが「ベストな解答」を求めるタイプの人間だったら、日本進出をためらったかもしれない。

「ピエール・カルダン」というブランドが日本で成功したのは、ピエール・カルダンさんが、「縁」を最優先に考えた結果です。だから、「縁」があったら「ゴー」なんです。

「ピンときたらGO」に続いて、「縁ができたらGO」ですか。

そうです（笑）。

先日、「日本最古の天満宮」とされている、防府《ほうふ》天満宮《てんまんぐう》（山口県防府市）に友だち数人と遊びに行きました。その参道沿いにある「天神工房」で、日本を代表する能面師、松田龍仁《まつだりょうにん》さんとお話をさせていただきました。

松田さんが、「今度、広島に能面師が3人集まって、合同で展示会を開催するんですよ」と、チラシを見せてくださったのですが、そのチラシを見た僕の友だちが、「あ！　このチラシの女性、私のおばさんです！」と言ったんです。

「え、マジで？」と僕もびっくりして、「それなら、みんなで、広島に行こう」とその場で決まったんですね。

僕にとって、芋づる式で決まっていく縁に「ノー」はありません。

とくに相手が信用できる人物であれば、断る理由がない。

誘われたら、行く。

声をかけられたら、乗ってみる。

「縁」をいただいたのなら、そこに自分の自由意志を介在させてはいけません。

「誘われたらGO」「縁ができたらGO」というルールをつくって、芋づる式でご縁を広げたり深めたりしていけば、自分では思いもしなかったビジネスのヒントが見つかったり、チャンスが見つかったりするわけですね。

「価格」に惑わされず、「価値」で判断する

大学を出てすぐ、僕は大手のゲームメーカーに就職したのですが、この就職は間違った選択でした。

なぜ、失敗だったのですか?

僕は、「すでに有名な会社」よりも、「有名ではないけれど、価値のある会社」のほう

が、伸び代があると思っています。

けれど、あのころの僕は、今ほどそのことに確信が持てなくて、「名前がある会社のほうが、なんとなく伸びそう」と思っていたんです。

それに、親への配慮もありました。ほかにも行きたい会社はあったのだけれど、「上場企業に入社したら、親も安心するのではないか」と思ってしまい……。

結局、すぐに辞めてしまったのだから、中途半端な入社をしたと思っています。

その後、僕が「Amazon」に入社したのは、「有名ではないけれど、価値がある会社」だと判断したからです。

僕が入社した当時の「Amazon」は、正直、いつ潰れてもおかしくない会社でした。

いくらアメリカで大成功したからといって、日本で成功する保証はどこにもありません。しかも、日本にはすでに先発のオンライン書店がいくつもありました。

入社直後にＩＴバブルが崩壊。赤字決算が続いた上に、メディアからの猛烈なバッシングを受け、ピーク時には１００ドルをつけた株価が大暴落し、一時は5ドルという数字がついたこともありました。

多くの同期は、このタイミングで辞めていきました。当然のことですよね。

でも、なぜか僕はこの会社を裏切ることができず、残る決心をしました。幼少期から嫌われ者だった自分と(笑)、メディアや業界にバッシングされる「Amazon」の姿がダブったからかもしれません。同僚の多くが「Amazon」を辞めていったのは、「価格」でしか物事を判断していなかったからです。

でも僕は、価格ではなく「価値」を追っていたし、価格ではなく「価値」を信じていました。

「この会社はきっと伸びる、自分が伸ばす」と信じて頑張り続けた結果、「Amazon」は数々の苦境を乗り越えて成長し、僕自身も最高のサラリーマン時代を過ごすことができたのです。

株価や世間の評価に踊らされず、「Amazon」の価値を信じたわけですね。

「Amazon」に入る前、僕がライターの仕事をしていたとき、グッズ系雑誌の特集を任され、たくさんの「高級腕時計所有者」に取材をしたことがあります。

「選択基準」を明確にする

その中のひとりに、ある外資系企業の社長（イタリア人）がいたのですが、彼に「その素敵なオメガはどこで買ったのですか？」と聞くと、ある「雑貨店」の名前を挙げたんです。僕はてっきり、オメガの正規販売店で買ったものだと思っていたのですが、街の雑貨店で「安売り」されていたそうです。

彼は続けて、こう言いました。

「私は、本物を見る目には自信がある。だから、どこで売られているかは、どうでもいいことです。どこで買っても、本物の価値は変わらないからです。このオメガは、あの雑貨店だったから売れ残っていたのであって、そうでなければ、売れ残っているはずがない一品です」

同じブランド品でも、ディスカウントストアで買うより、正規販売店で買ったほうがなんとなく「格が上」のように思ったりするけれど、それは、買い手の「気分」の問題であって、商品そのものの価値は変わらない、ということですね。

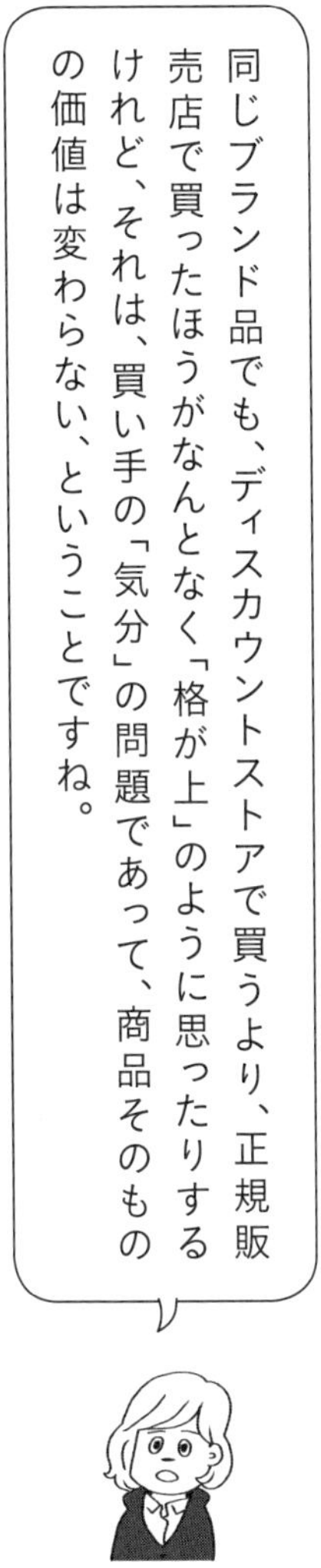

そうです。

この社長のエピソードは、僕にひとつの教訓を与えてくれました。

どういうことかというと、ようするに、「売られている場所によって、バーゲンセールになることもある」ということです。

商品と客層がマッチしていないときは、「価値は変わらないのに、価格が下がる」ことがあります。

原宿で人気の商品が地方では人気がなく売れ残っていたり、安く売られていることがある。そんなときは「買う」のが正しい選択です。

なぜなら、高い価値のものを安く手に入れることができるからです。

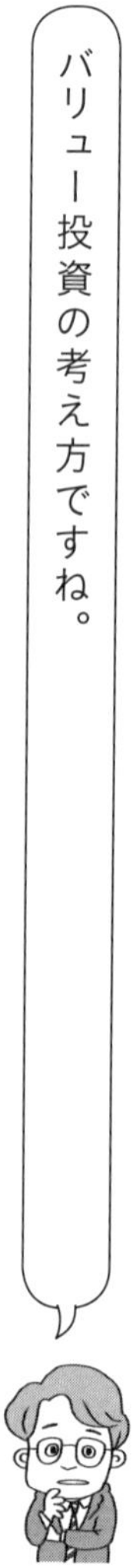

新車や新築より「中古」を選択したほうがトクをする

クルマを買うなら新車、家を買うなら新築、という人がいます。けれど、**資産形成の面**

で考えると、「新車、新築よりも中古」が正しい選択です。

僕はただの一度も、「中古が嫌だ」と思ったことはありません。新車・新築を買ったところで、一度でも自分が使った瞬間から、新車も新築も、「中古になる」からです。

新車・新築を買ったってどうせすぐに中古になるのだから、「中古を買うのも同じ」ということですね。自分が使ったか、他人が使ったかの違いはあるにしても、中古であることに変わりありませんし。

僕の父親の教えは、「中古しか買うな」でした（笑）。

小さいころはよく、父親とリサイクルショップを覗《のぞ》きに行きました。「こんなガラクタみたいな商品を見て回らなくても、新品を買えばいいのに」と思ったりもしましたが、父親はわかっていたのですね、「ガラクタの中に、お宝が隠されている」ことを。お値打ち品を探すのが楽しくて、「宝探し」みたいでしたね。

あるリサイクルショップで、倒産した会社のロッカーが売られていたことがありました。ロッカーを開けてみたら、100円玉が3枚、落ちていたんです。

僕は子どもながらに、「300円を落としたままにしておくようなダラしない会社だから、倒産するんだ」と思ったし、「ロッカーの中身をチェックしないで売りに出すこの店の経営者も、ヌケているな」と思ったりしましたね（笑）。

ずいぶん生意気な（笑）。Dさんは子どものころから、目利きの訓練をしていたわけですね。

結果的にそうなりますね。

たとえば、僕のオフィスには、以前、外国製の1脚15万円の椅子がありましたが、この椅子は、リサイクルショップで「1万円」で買ったものです。

スタッフが使っていたドイツ製の椅子も、元は10万円くらいしたのを、やはり1万円で買っています。

つまり、ここからわかるのは、「オフィス家具というのは、中古になった途端に価値が下がる、じつに効率の悪い投資」という事実です。

新品を買うときに、中古市場の価格を意識すれば、ムダなものを買わなくなります。何が資産で何が消耗品なのかが、じつによくわかるからです。

大切なのは、自分の商売を成功に導く投資をしているかどうか、です。僕がオフィス家具を中古で買ったのは、オフィス家具にお金をかけても、僕のビジネスの成功要因にはつながらないからです。

「失敗は成功の母」だとはかぎらない

以前、人間国宝の「ろくろ職人」が書いていたことですが、樹齢千年を超えるような木がどこで育つかというと、神社のような「守られた場所」で、何の疑いもなく、まっすぐに育つそうです。

僕は、人の成長も木と同じで、「まっすぐ育つ」ことが大事だと思っています。長い人生、傷つくことや失敗することもあるけれど、それを避ける賢明さを持つことも必要です。

というのは、人間はいったん傷つくと自己肯定することが第一になってしまい、真実を見る目や、真理を追い求める真摯《しんし》さを失ってしまうからです。

だから、しなくていい苦労はしなくていい。

でも、「人は失敗からしか学べない」とか、「失敗は成功の母」とか言うじゃないですか。人が成功するためには、失敗も必要なのでは？

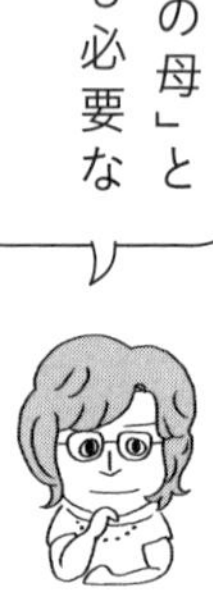

失敗してもいいし、苦労してもいいのだけれど、曲がったままではいけない。

「曲がったまま」とは、感情に流されたり、いつまでも落ち込んでいたり、くじけてはいけない、という意味です。

失敗してもすぐに軌道修正をして進んでいく。**成功への最短距離を目指すなら、余計な苦労はしないで、まっすぐ進むのが正しい。**

余計な苦労をすると、その間に精神力を消費するんです。精神力を消費してしまい、そのあとにはもう戦うエネルギーが残っていない人を大勢見てきました。

しなくていい苦労はしない。しなくていい失敗もしない。してもいい失敗をしたら、すぐに修正して先に進め、と？

その通りです。

短期間で成功している人、若くして成功している人の共通点は、「修正が早い」ことです。失敗してもすぐに修正すれば、結果的に「まっすぐに見える」ようになります。外から見ればまっすぐ見えるけれど、じつは細かく修正しているのが一番いい。

僕は以前、神奈川県の中央林間という場所に住んでいたことがあります。当時僕が通っていた理髪店の店主は少し風変わりな人なのですが、あるとき、僕の髪を切りながら、妙に哲学的なことを言い出したんです。

「髪を切るのってね、人生と一緒で、まっすぐ切るのが一番難しいんですよ。ではどうしているかというと、本当は途中で斜めに切ったり、逸《そ》れたりしているのだけれど、すぐに修正して『結果的にまっすぐ見える』ように切っているんですよね」

僕はこの日、失恋して落ち込んでいたときだったから、「このおっさん、オレの気持ちを察知して喋《しゃべ》っているのか？」みたいに思いましたけど（笑）、たしかに店主が言うように、曲がったままにしないで「すぐに修正する」ことが、最短で成功するための秘訣だと思います。

ビジネスで成功したいなら、鉄は熱いうちに打たなければいけない。だから、まっすぐ行ったほうがいい。行けるときに、行けるだけ、遠くに行っておくことが大事です。

あからさまな失敗はしないほうがいいのですね。

「失敗したほうがうまくいく」というのは、僕は嘘だと思います。失敗して心が折れてしまったら、それで終わりです。

でも、失敗から立ち直った人もいますよね。

失敗から立ち直った人は、「心が折れていない人たち」です。

逆境に直面しても何度でも立ち上がったり、どんな状況でも前進できるのは、失敗を失敗だと捉えていないからであって、厳密に言えば、その人にとって「失敗」ではないということです。

失敗が成功の土台になっている場合、その失敗は、失敗とは呼ばないと思います。

なぜ、嘘つきはお金を稼げないのか？

Dさんって、知識が豊富で話も面白いし、なんだか、詐欺師になれそうですよね（笑）。

自分でも、詐欺師に向いていると思いますよ（笑）。

でも、絶対にやらない。

詐欺師の能力を持っているけれど、詐欺はやらない。本物の詐欺師は、絶対に人を騙《だま》さない。なぜなら、騙すほうが儲からないからです。

うまいこと丸め込んで、人を騙したほうが儲かるのでは？

僕は、基本的に、「騙さないほうが得する」と思います。

どうして本物の詐欺師が人を騙さないのかというと、**「商売は、リピートが大事」だか**

らです。

詐欺師が騙せるのは、ひとりにつき1回だけですよね。おまけに悪評が広がるじゃないですか。

たとえば、名古屋で詐欺を働いて悪評が広まれば、名古屋にいられなくなりますよね。それは「マーケットを失う」ということです。頭がいい人は、マーケットを縮小させるようなことはしません。

正直者は何度も稼げるけど、詐欺師や嘘つきは一度しか稼げない。しかも、一度人を騙すと、それが周囲の人間に伝わってしまう。だから詐欺師は儲からないのか。

諸説ありますが、ひとりの人間は、おおよそ「100~250人」の親しい友人を持っていると言われています。

仮に150人として計算した場合、現在の日本の人口1億2622万人（2019年3月時点）を150で割れば、一度に騙せるのは、「84万1466人」だとわかります。

実際には、同時に人を騙すことはほぼ不可能ですから、これは幻想の数字です。

通常、詐欺事件が起こった場合は、個人のネットワークを超えて、メディアなどでも報道されますから、最終的には、結構残念な数字になってしまう。10分の1なら8万4146人、100分の1なら、8414人です。

この数字に商売の単価を掛けるわけですから、ひとり1万円騙したくらいでは儲からないですよね。リスクに見合わない。

だから、歴史的な詐欺事件は、大勢から少額ではなく、少数の人間から多額のお金を騙し取る事件になるわけです。

それに、大きな金額を騙し取られた側は、絶対に黙っていない。

だから、詐欺師の最後は、お縄になるか、コソコソと生きていくことになる。コソコソと生きている以上、生活の質は下がりますよね。

こうやってきちんと計算すれば、「詐欺は割に合わない」ことがよくわかると思います。

では、正直な商売をした場合は？

仮にお客様が841人からスタートしても、月1回（=年12回）のリピートで×12=1

万92人。10年ご愛顧いただければ10万9 2 0人。

さらにすべてのお客様が10人を紹介してくれれば、1 0 0万9 2 0 0人になります。


ひとり100円使っただけで、約1億の収入になりますね。

1000円なら、約10億、1万円なら、約100億！

だから、詐欺師は儲からない。

詐欺にはリピートが期待できないから、単価を高くするしかないわけですが、**「単価が高いものが儲かる」という発想もまた、幻想です。**

僕は大卒でゲームメーカーに入社したのだけど、じつは、入社1年目から副業をしていたんですね、高級アンティークショップで。

高級アンティークショップには、1 0 0万円以上の高級家具が置いてあったのですが、めったに売れないんです。

一方、ゲームセンターは「1回1 0 0円」で単価は安い。

けれどリピーターが多いから、結果的には高級アンティークショップよりも、ゲームセ

詐欺師!
150人
150人
150人
チッ

ンターのほうが儲かるわけです。

お金持ちを対象に高額商品を売るより、一般消費者を対象に、手に取りやすい価格帯の商品を並べたほうが利益は出るわけですね。

結局のところ、「少額のお金をたくさんの人から集める商売」が、一番潤うんです。

シンデレラこそ、稀代の詐欺師である

『シンデレラ』という童話がありますよね。主人公のシンデレラは、本物の詐欺師だったのではないか、と僕は思っています。

シンデレラが詐欺師？　美しい心を持ち続けたお姫様なのでは？

シンデレラがとった一連の行動を読み解いてみると、非常に戦略的であることがわかります。

たとえば？

シンデレラは、意地悪な継母《ままはは》と、その連れ子である2人の義姉に召使いのように扱われていました。

けれど、シンデレラはもともと貴族の娘であり、かつては「お金持ち」だった。シンデレラは、召使いのまま終わるつもりはなく、「逆転の機会」をうかがっていたんです。そして、一発逆転の場として「舞踏会」を選んだ。

なぜ舞踏会を選んだのかといえば、「お金持ちは、お金持ちのオーラを嗅ぎ分けることができる」からです。

たとえ今は召使いのように扱われていたとしても、もともとはお金持ちなのだから、王子様はそのことに気づいてくれるはずだ、と考えたわけですね。

そうです。

王子様だってバカじゃないから、シンデレラを見て、「この女性、一番イケてるな」「この女性、教養があるな」と思ったはずです。

シンデレラは、会話の知的レベルも高かったのでしょうね。

だと思いますね。

けれど、粗末な姿ではさすがに相手にしてもらえない。だから、魔法使いに頼んで、美しいドレスとかぼちゃの馬車を用意してもらったんです。ようするにあの魔法使いは、ヘアメイクアーティストでありスタイリストだったわけです。

しかも、シンデレラの靴はガラスでできていた。これ以上ない差別化ですよね（笑）。

普通はガラスの靴なんて履きませんから、目立つに決まっているじゃないですか。

シンデレラは、自己プレゼン能力が超高かったのだと思います。

その上、ガラスの靴をわざと置いていったのだから、完璧な詐欺師です（笑）。

ガラスの靴は「脱げてしまった」のではなく、シンデレラがわざと置いていった？

戦略的に残したか、魔法使いが「残していったほうがいいわよ」とアドバイスしたのだと思いますね。

『シンデレラ』を「戦略」という切り口で解説できる人って、Dさんくらいしかいないと思う（笑）。

お金を出せば、ドレスを買うことができる。メイクも変えられる。けれど、会話の知的レベルはすぐには変えられません。

シンデレラが王子様に見初められたのは、会話の知的レベルが高かったからです。だから、まずは教養を磨かないといけない。

オシャレをしている暇があったら、まずは本を読め、と。

そのほうが、シンデレラになる近道だと思いますね。

多くの人が「就職先」の選択を間違えている理由

僕は、出版業界に入った瞬間に「ここは僕のいる場所だ」「この業界、僕の業界だ」と思ったんですよ。

「人と同じ」とか「普通」が嫌いな僕にとって、出版業界の行動指針みたいなものが僕には合っています。

出版業界は、「普通」だと売れないですよね？「普通の本」なんて、誰も買わないですから。

普通と違うものでないと売れないわけですから、この業界の人たちはみな、「違い」を出すためにいつも考えている。そういう業界の雰囲気が僕は好きなんです。

人間は、自分が「よかれ」と思ったことを否定されたとき、辛さを覚えます。反対に、自分が「よかれ」と思ってやったことを「それ、いいね」と言ってもらえるときに、喜びとやりがいを感じます。
ということは、「自分がいいと思ってやっていることを、いいと言ってもらえる会社（あるいは、業界・業種）」を選ぶことが、職業選択の基本だと思います。

たとえば、「何が何でも時間厳守。勤務態度が評価される会社」と、「出勤時間に決まりはないが、結果で評価される会社」があったとき、「結果で評価されたい人」が、前者の会社に入って「生産性なんてどうでもいいから、時間を守れ」なんて言われたら、やる気をなくすでしょうね。

だから、自分の行動指針と、会社の行動指針が合うかどうかが大事なんですよ。
だけど多くの人が、僕がゲームメーカーに入社したのと同じように、「合わない」ところに行く。

そして、結果的に辞めてしまう。

会社選びや業界選びをするときに考えなければいけないのは、僕は「評価基準」だと思

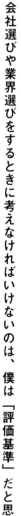

います。

それなのに、多くの人が、「上司が優しそう」とか、「会社名が有名だ」とか、「上場している」など……、「自己成長」や「成功」とまったく結びつかない基準で会社を選んでいますよね。だから、就活に失敗するんです。

自分の評価基準をきちんと持っていれば、選択のしかたも変わってきそうです。

そうです、変わってきます。

評価基準を明確に持っていれば、「自分に合う仕事」「自分に合う人」を選ぶことができるし、「自分に合っていない仕事」「自分に合っていない人」から逃げることも可能です。

「自分に合っていない仕事」をいつまでもしていると、頑張っても結果が出ないため、「あいつは使えない」とレッテルを貼られ、自分のブランドが落ちてしまうわけです。

僕は昔から、「世界が見たい」「世界に出たい」と思っていたから、「まとめて休みが取れる職場」という評価基準を持っていました。

「Amazon」は、「結果を出してくれたら、仕事のやり方は自由でいい。まとまった休みを取ってもいい」という環境だったので、僕の評価基準に合っていたんです。「Amazon」のような会社では、見聞を広めなければ生産性を上げることができません。だから長期休暇を取らせてくれたし、上司は「本を読め」と言ってくれました。僕のような本好きの人間にしてみたら、「本を読むことが仕事」だと認識される職場は最高ですよね。

利益率を上げる源泉は「交渉力」にある

ビジネスにおいて、利益率を上げる源泉は何だと思いますか？

僕は「交渉力」だと考えています。

どうして下請けの人は立場が弱いかというと、「交渉力がないから」です。相手に対して交渉力があるなら、利益率は高くなります。

どうして従業員が労働組合をつくるのですか？　交渉力を増すためですよね。

ビジネスの世界では、「目利き」や「選択」が済んだら、次は売買交渉が待っています。

上がる株がわかっても、買わなければ利益が生まれないのと一緒で、お金を生むには、

「交渉」というプロセスが必須です。

交渉で相手に負けないテクニックって、ありますか？

交渉で大切なのは、「都合のいい相手」とだけ交渉できる状態をつくることです。

そんな状態、つくれるの？

どうやってそれを可能にするかというと、「情報発信」によってです。

ビジネスの効率を最大化しようと思ったら、限られた時間でなるべく利益率の高いお客様と商談をすること。そのためには、自分から相手を探しに行くのではなく、「この指とまれ」の発想で見込み客を集めることが大切です。

だから、交渉したくない相手には、あらかじめそう言っておく。もちろん直接的には言えないから、発信するメッセージに、それとなく仕込んでおくのです。

どうやって仕込むのですか？

メッセージをコントロールする方法は、大きく「3つ」あります。

①ターゲットが誰かを宣言する
②価格帯を提示する
③「しないこと」「できないこと」を明確にする

①ターゲットが誰かを宣言する

これは一番ストレートな方法ですが、「学生お断り」「30歳以上の男性」などと、ターゲットを明確化します。

ホームページの写真やデザイン、ポスターなどでコントロールすることも可能です。お店であれば、外装や内装によってターゲットを選択することができます。50代を狙うなら、50代に人気のタレントさんを使ってみるのもひとつの手でしょう。とにかく、ターゲット以外の人間が、違和感を覚えることが大事なのです。

たしかに人って、「ここに行っても自分は受け入れられない」と思うと、その場所には近づかないですよね。

もしみなさんが、「顧客は買う物によっていくつかの人種に分かれる」という原則を知っていたら、このメッセージコントロールをより正確に行うことができます。

②価格帯を提示する

セミナーなどでよくお話しすることなのですが、価格にはお客様を選別する機能があります。5000円のセミナーと、1万円のセミナーと、3万円以上のセミナーでは、客層はガラリと変わります。

お金を使うという行為は、単にその人がお金を持っているからではなく、いくらリターンを見込めるかによっても左右されます。3万円支払えるのは、3万円に見合う、あるいはそれ以上のリターンが見込めると考える人です。

価格によって望ましい客層を引き寄せ、望ましくない客層を遠ざけるためには、普段から、「上も下も知る」気持ちで、いろいろなものを買ってみるといいでしょう。

一番まずいのは、快楽や惰性で買ったり、安いという理由だけで買うことです。選択眼を身につけるためにも、惰性で買い物をするのは、なるべく避けたほうがいいと思います。

③「しないこと」「できないこと」を明確にする

商売において忌み嫌うべきは、「バラツキ」によるムダとコスト増です。お客様というのはわがままな生き物ですから、要求を聞きはじめると際限がない。

そこで企業側としては、ムダをなくすためにも、しないこととできないことをはっきりさせるべきです。

20世紀最高の経営者と称されるジャック・ウェルチが標榜《ひょうぼう》した「選択と集中」も、シンプルに言えば、「しないこと」と「できないこと」を排除し、できることに集中するという考え方です。

企業にも得意・不得意があるので、「しないこと」「できないこと」ははっきりさせたほうがいい。これを事前に表明することで、望まないお客様との交渉を避けることができます。

僕が見ているかぎり、儲かっている会社の社長は、「しないこと」「できないこと」の線引きが非常にうまい。そうでない社長は「何でも屋」になって、利益率の低い下請け商売をしています。

とくに今のような情報化時代にあっては、自分の専門性を明確にし、そこに特化して

いったほうが、かえって需要は増えます。

企業も個人も、これからは「しないこと」「できないこと」を明確にしていく工夫が必要です。

交渉の武器を手に入れ、相手に合わせて使い分ける

僕たちが、通常、ビジネスやプライベートで使っているのが、「取引による交渉術」です。

一番わかりやすいのは、お金でものを買う行為です。

この場合、お金とものを交換しているわけですが、交渉は「交換」によって成り立っていますから、交換するのは、原則、何でも構いません。

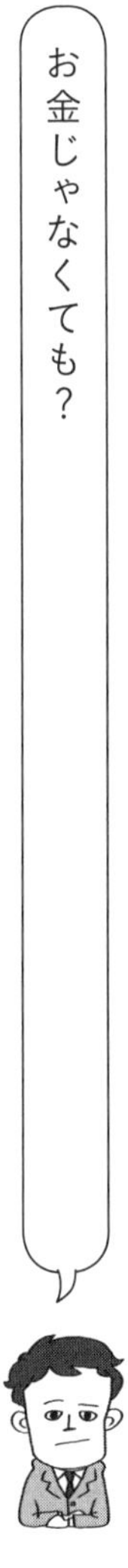

現在は、資本主義社会ですから、とかくお金に重きが置かれがちですが、人が価値を見

出すのはお金だけではありません。

人が感じる価値は、その人の立場や状況によって異なります。だから交渉するときは、その都度、相手にとっての価値を見極めて対応することが必要です。

「交換」は、お互いが「自分の持っているものよりも、相手が持っているもののほうが価値がある」と思ったときに成立するものです。

であれば、自分の持っているものの価値を高く見せること、あるいは相手が持っているものの価値を低く見せることで、条件を変化させることもできるわけです。

どうやったら、そんなことができるのですか？

相手が提示している基準は妥当なものなのか、それともハッタリなのか。それを見破ることができれば、価格は劇的に下がります。

また反対に、自分がどう表現して持っているものの価値を高めるか。これがうまくいけば、高い値段を設定することができます。

交渉現場で使える「武器」はいろいろとありますが、ここでは代表的なものを挙げてみましょう。

①希少性（需要と供給）

……需要が多いこと、供給が少ないことを理由に、交渉を有利に進める。希少性の原理は、競争相手がいるときにもっとも効果的に働くため、競争相手を意識させると、より交渉はまとまりやすくなる。

②支払条件

……キャッシュなのか、クレジットカードなのか、それとも分割払いなのか。相手がキャッシュに困っている場合、キャッシュで払うことを条件に値引きを引き出すことも可能。

③継続

……継続して取引するため、値引きが引き出せる。主要取引先の売上に占める割合が大きく、さらに継続性が高い場合、自社が奴隷になるリスクがある。

④未来の集客効果

……自社と取引することにより、今後、波及効果が見込める場合。自社がブランド企業であれば、相手には宣伝効果が生まれるため、安い料金でも受けてもらえることがある。有名タレントに無料で商品がプレゼントされるのも、同様の理由。

⑤一括購入

……まとめ買いすることにより、値引きが可能になる。自社だけでは実現が難しい場合、同業者と手を組んでみてもいい。

⑥信用

……大手と取引をすることで実績ができる。ボランティアや社会貢献活動をすることで、社会的信用が得られる。セミナー講師が大手企業で話すとき、有名大学で話すとき、安いギャラでも引き受けるのは同様の理由による。

⑦デファクトスタンダード

……それを使うことが社会的に当然で、使わないことによりマイナスのリスクがある場合、値引き交渉は実質できないことになる。

⑧相場

……誰が決めたわけでもないのだが、相場という概念を用いることによって、相手の交渉してくる値段を一定の範囲内に収めることができる。

⑨コスト安

……価格以外の面で、相手のコストを下げてあげられる場合。たとえば家電量販店で、これまで使っていた冷蔵庫の処分を引き受ける場合など。オンライン書店などでは、「無料配送」がよく効く。

⑩期限

……期限が迫っている相手に交渉で勝つのは容易だ。今すぐキャッシュが必要、3月31日までに200ケースほしい、契約があと1週間遅れるともう1ヵ月分家賃が発生してしまうなど、いずれも不利な状況ばかり。逆に言えば、あなたは交渉する際、このような余裕のない状況をつくってはいけない。もしくは、余裕のないことを悟られてはいけない。

⑪**商品の欠陥**

……傷ものの野菜、日本語インストラクションのない商品など。捨てるぐらいなら、と思うのと、追加コストを避けたいと思う心理が働いているので、買い叩くことが可能。

このように、交渉においてはさまざまな武器がありますが、使い方はそのとき置かれた状況によって異なります。

大切なのは、自分が置かれた状況、使える武器を客観的に理解しておくこと。この作業をすることなしに、感情的に物事を進めてしまうと、交渉において取り返しのつかない失敗をすることになります。

『わらしべ長者』が教えてくれる成功の秘訣

僕は『わらしべ長者』という絵本が大好きなんです。なぜかというと、『わらしべ長者』には、お金持ちになるために必要な「3つ」のエッセンスが描かれているからです。

「3つ」のエッセンスってなんですか？

「素直さ」「アイデア」「交換」の3つです。

そもそも『わらしべ長者』って、どんなストーリーでしたっけ？

「お金持ちになりたい」と観音様にお祈りしていた貧乏な若者が、観音様から「このお堂を出て最初に手にしたものを大切にせよ」とお告げを受けます。

そして、お堂を出たとたん、転んだはずみで1本のわらしべ（藁）を手にします。

最初は「こんなもの」と思いつつも、観音様のお告げを「素直」に聞いて持ち歩いていたら、あぶが近づいてきたので、わらしべの先にくくりつけて、おもちゃのようにしました。

このストーリーは、若者が観音様のお告げを「素直に聞いた」ことからはじまっています。素直さが出発点です。

お金持ちへの道は、「自分よりも実力のある人」のアドバイスを素直に受け入れるところからはじまる、と。

そうです。

そして若者は、わらとあぶとを結びつけたじゃないですか。

既存のものと既存のものを結びつける、できれば異質なものを結びつけると「違うもの」が生まれる。これがアイデアです。

わらは、単体だったらわらだし、あぶは、単体だったらあぶだけれど、結びつけたらおもちゃになった。

すると、通りすがりの子どもが泣きじゃくっている。子どもにあぶのおもちゃを見せると泣きやんだので、若者はそのおもちゃを喜んで差し出しました。

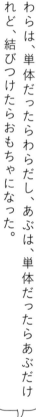

すると、子どもが泣きやんだことに喜んだお母さんは、お礼に「みかん」を差し出しました。ここで、最初の「交換」が発生します。緊急性の高い交換なので、得をしました。

みかんとおもちゃを交換し、先に行くと、今度は美しい女性が苦しそうにしている。そこで、持っていたみかんを食べさせたら、女性はすっかり元気になって、お礼に美しい反物《たんもの》をくれました。こちらも緊急性の高い、通常はありえない非合理的な交換ですね。

上等な反物だったので、若者がたいそう喜んでいると、今度は病気の馬を連れた男に会います。男は馬を「役立たず」とののしっていたのですが、若者が持っている反物を見たとたん、「この馬とその反物を交換しろ」と迫り、病気の馬を押しつけ、反物を奪っていきました。

若者は途方に暮れましたが、病気の馬がかわいそうだと思い、必死に看病しました。やがて馬はみるみる快方に向かい、毛並みの素晴らしい馬になりました。

あなたが仕事で成功してお金を持っても最初から一級の資産は手に入れられません。そういうものは特権階級が独占しているからです。だから、介抱すれば一級になる「病気の馬」を狙うのは非常に上手いと思います。

そして、馬に乗って進んでいくと、今度は大きな屋敷が見えました。すると、屋敷の中から大富豪が出てきて、「素晴らしい馬だな。もしその馬をくれるなら、この屋敷に住んでもいいぞ」と言います。

男はどうしようかと迷っていましたが、そのとき、屋敷の奥から先ほど助けてあげた美しい女性が出てくるのです。

娘は、若者に救われたことを告げ、若者を気に入った大富豪は、若者を婿にしてしまいます。こうして若者は、美しいお嫁さんと、大きな屋敷を手に入れ、幸せに暮らした、という話です。

1本のわらしべが、最終的には家に化ける。ここに交渉のおもしろさがある。

素直さ、アイデア、交換（交渉）の3つを自分の人生で実践すれば、誰でもお金持ちになれるんです。

でも、最初の段階でつまずく人がじつに多い。まず素直じゃない（笑）。変な自己啓発書とか読んでいる時間があるなら、言われた通り、素直に行動してみたほうが絶対に結果につながると思います。

素直さ
お告げ
アイデア
交換

第3章

「キーパーソン」を味方につける

成功確率の高い先頭集団と付き合う

ビジネスや人生は、ひとりで完結するゲームではありません。あくまでチーム戦であり、そのチームの総合力で勝敗が決まります。ときにはチームメンバーに助けられ、ときには足を引っ張られる。

だからこそ、**成功したければ「成功確率の高い先頭集団と付き合う」ことが重要です。**

僕が、はじめてトップ集団と付き合うようになったのは、「Amazon」で働きはじめたときです。

当時、「Amazon」で書評を書いていた僕は、たくさんのベストセラー作家や担当編集者とお会いし、「やはり一流の人は成果を上げるだけの資質を持っているんだ」ということに気づきました。

どんな資質を持っていたのですか？　一流の人たちには、どんな共通点があったのでしょうか？

一流の人が持っている「成果を上げるための資質」は、おもに、次の「4つ」です。

①事実をありのままに受け入れる勇気がある
②合理的に大胆な策を採用できる
③関係者を動かすだけの情熱と説得力を持っている
④しつこい。簡単にあきらめない

①事実をありのままに受け入れる勇気がある

まず「①」の「事実をありのままに受け入れる勇気がある」から説明します。

僕は「Amazon」時代に、数多くの編集者と会いましたが、仕事ができない編集者に共通していたのは、「自己防衛に走る傾向にある」ことです。

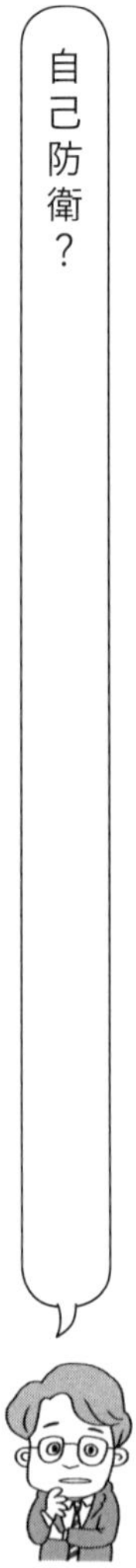

「もう少し、こうしたほうが売れるのではないか」というこちらの指摘に腹を立てたり、無視したりします。重要な要因を無視して、自説を述べる姿勢には閉口しました。

彼らを見て僕は、「ああ、この人たちは仕事を愛しているのではなく、自分を愛しているんだ」と思ったものです。

仕事ができる人は、自分の仕事を愛しているため、仮に自分を否定されてもくじけずに、それを修正して、必ず最後には成果を上げます。

これに対し**仕事ができない人は、攻撃されると自尊心の奴隷になり、合理的な行動をとれなくなってしまう**のです。

そもそも、「仕事＝お金を稼ぐ手段」とか、「自分を磨く手段」と勘違いしている人が多いですが、仕事というのは、「他者への貢献」だと僕は思うのです。

自分にとらわれて「世のため、人のため」を忘れた人に、大きな仕事ができないのは当たり前です。

②合理的に大胆な策を採用できる

続いて「②」の「合理的に大胆な策を採用できる」ですが、このテーマを論じるとき、思い出されるのは、ゴマブックスの会長だった故・羽山茂樹さんのエピソードです。

どんな人だったのですか?

同社には、『ちびギャラ』という有名な癒し絵本がありますが、あまりに感覚的な作品のため、持ち込まれた段階で、社内でかなりの抵抗があったそうです。

女性スタッフには大好評だったため、「これはどうしたものか」と悩んだそうですが、最終的に出版を決定づけたのは、羽山会長のひと言でした。「わからないから、やってみよう」

普通の経営者であれば、「わからなければ、やらない」という選択をしそうですよね。

でも、羽山会長は「自分の想像を超える作品の可能性に賭けてみる」という選択をしたのです。

クリエイティブな仕事というのは、常に人と違うことをやってはじめて差をつけることができる。だからこそ、合理的に判断して「いける」と思ったら、仮にそれが未知のものであっても、チャレンジする勇気が必要です。

成果を上げる人間になるためには、現実をありのままに受け止め、策を練ることが大事なわけですね。

③関係者を動かすだけの情熱と説得力を持っている

でも、それだけでは結果は出ません。実際に成果を上げるには、人を動かす必要があります。ですから、「関係者を動かすだけの情熱と説得力」を持つ必要があります。

出版でいうなら、著者からはじまり、編集者、営業担当、取次、書店員、読者、メディアに至るまで、情熱のリレーをつないでいかないと、ベストセラーは生み出せません。

では、どうすれば人を動かすことができるのですか？

まず、あなた自身が「情熱」を持つことです。もしあなたがつくり手だったとして、そ

の情熱はきちんと次につながっていますか？

つくり手であるあなたが熱くなれないものを、周囲の人たちが熱心に売ってくれるはずはありませんよね。

なぜこの商品をつくろうと思ったのか、その動機ときっかけ、社会的な背景など、詳しく伝えてあげなければ、情熱のリレーはそこで途切れてしまいます。

Dさんはいつも論理的に話すから、Dさんの口から、「熱さ」とか「情熱」という言葉を聞くと、少し違和感がありますね（笑）。「熱さ」とはもっとも遠いところにいる人なのかと思っていましたから。

「熱くなること」について、今も忘れられないエピソードがあります。それは、僕が「Amazon.co.jp」の立ち上げメンバーとして、はじめて渋谷（当時）の「Amazon」本社を訪ねたときのことです。

秘密裏に開業準備を進めるため、「エメラルドドリームズ」という名前が掲げられたオフィスの鉄扉を開けると、そこには、創業前の活気あふれる職場と、あたたかい同僚の笑顔が待っていました。

僕が最初に話したのは、当時ウェブ開発の担当者だった松本晃一さんでした（『アマゾンの秘密』の著者）。

その松本さんが僕を見るなり言った言葉が、「あなたがDさんですね。一緒にいいサイトをつくりましょう！」だったんです。

松本さんの言葉を聞いたとき、僕は、

「なんて熱い会社なんだ。これなら、きっと歴史に残る仕事ができるに違いない！」

と確信しました。社員に「熱くいられること」を許容したから、同社は成功したのだと思います。

人を巻き込む力を身につけたいと思うなら、情熱を持つことです。

作品が何であれ、つくり手は、

「本当にこれは自分がつくりたいものなのか、世のため、人のためになるものなのか」

を問わなければなりません。

ワー
ワー
ワー
あついぞ!
あつい!
あつい!
ダダ
ダダ
ダダ

この「情熱の種づくり」に成功した商品は、おもしろいように売れていきます。

「④」の「しつこい。簡単にあきらめない」はどういうことでしょうか？

④しつこい。簡単にあきらめない

大きな仕事は、さまざまな利害が絡んでいますから、話が大きくなればなるほどプロセスが複雑になります。

なかでも難しいのは、その業界、会社の「キーパーソン」を落とす作業です。大きく商品を売るためには、各業界のキーパーソンを落とさなければいけません。

あなたが営業パーソンだとしたら、主要店舗の担当者を落とせなければ、ヒット商品をつくることは難しいですよね？　それと同じことです。

問題なのは、「キーパーソン」といわれる人は、僕も含め、気難しい人が多いということです（笑）。

たしかにDさんは気難しそう（笑）。

ひとつ言い訳をさせてもらうと、じつは気難しい人は、好きでそうしているわけではないんです。気難しい人には、気難しい理由がある。

具体的には、どんな理由？

気難しい人が気難しいのは、「守っているものがある」からです。

セブン-イレブンのバイヤーであれば、「セブン-イレブンにはいい商品が集まっている」という評判を背負っている。仮にあなたがセブン-イレブンのバイヤーと友だちだったとしても、バイヤーはそれだけであなたの商品を店頭に置くわけにはいきません。

このことがわかっていない人は、要求を受け入れてもらえないとすねるか、人によってはゴリ押ししてきます。その結果、せっかくのパイプ（人脈）を壊してしまうわけです。

大切なことは、相手の背負っているものを理解し、それに合わせた提案力を身につけることです。

たとえば、商品には興味がなくても、それをつくっている人物や会社には興味があるかもしれない。その商品に使われている素材や成分には興味があるかもしれない。最悪、商品自体に問題があって、どうしてもダメな場合もある。そんなときは、次回以降の商品開発の参考にすればいいわけです。

大切なのは、決してあきらめないこと。とにかくしつこく食らいつくことです。気難しいキーパーソンを避けることなく、何が彼らの判断基準になっているのか、しっかりと把握することです。

気難しい人を落としたときの果実は、そうでない人の10倍以上なので、苦労する価値はあるはずです。

目の前にいる人が、敵か味方かを見極める

選択における一番のリスクって、何だと思いますか?

「人に騙されること」です。

騙されるって一番辛いことなので、騙されないように「人を見抜く目」を養わないといい

けません。

Dさんは、どうやって「人の目利き」をしているのですか？　信用できる人とできない人、騙す人と正直な人をどうやって見抜いているのですか？

今の若い人たちは、相手が「いい人か、どうか」を気にしますよね。

でも、その人が「いい人かどうか」は、環境や状況に依存します。不変の「いい人」は存在しません。

たとえば、「いい人」だった人でも、借金を重ねてお金に追われる生活をはじめたとたん、人が変わっていい人ではなくなってしまうかもしれない。いい人だと思って結婚したら、結婚後に「ダメ亭主」になるかもしれない。

ようするに、「ずっといい人はいない」のだから、人を選ぶときに、「いい人か、悪い人か」といった曖昧な基準ではダメだということです。

ずっといい人もいないし、ずっといい不動産もないし、ずっといい株もない。「いい人か、悪い人か」よりも「借金があるか、ないか」とか「本業でどれくらい成果を上げているか」とか、僕ならそっちの基準を大切にします。

自分の目の前にいる人が、味方か敵かを見極めるポイントはありますか？

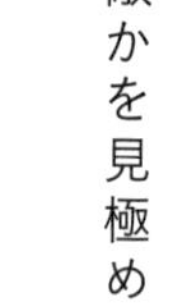

ポイントは「4つ」あります。

1つ目は、「この人は、私に貢献してくれる能力を持っているかどうか」。
2つ目は、「この人は、私に協力してくれる理由を持っているかどうか」。
3つ目は、「この人は、誠意のある人かどうか」。
4つ目は、「この人は、私のために本気を出してくれるかどうか」。

4つ目の「本気を出してくれるかどうか」は、報酬システムと連動しています。

僕がはじめて不動産を買ったとき、不動産業者の担当者に聞いてみたことがあります。

「不動産屋さんの報酬体系は、どうなっていますか？」って。

不動産業界の報酬体系は、「売買価格の3％プラス6万円」でした。

「キーパーソン」を味方につける

ここからわかることは何かというと、不動産価格の200万円は不動産業者にとって「手数料6万円」なんです。

ということは、本音では「200万円ぐらい、さっさと値引いて売ってくれよ」と思っているということです。

もう少し詳しく説明してもらえますか？

商売において一番大変なのは、買い手を見つけることです。

不動産業者の立場になればわかると思いますが、買い手は今、目の前にいる。もし問題が金額だけならば、さっさと売ってしまいたい。

仮に物件が3200万円であれば、200万円下げて売れたら、3000万円×3％＋6万円で96万円の仲介手数料が入ってくる。際どい交渉を続けたって、プラス6万円の違いでしかないわけです。

もしここで売り手がうだうだ言って買い手を失ったら、また6万円のために広告を出して人を集めて、やり直しになってしまいますよね。

一軒売れば何十万、何百万という商売をしている人間が6万円のために苦労するなんて、耐えられないに決まっています。

ということは、売るときには立場が逆転するから、不動産業者は敵になるわけですね。

そう。だから、不動産業者は「買うときはあなたの味方。売るときはあなたの敵」なんです。売るときは不動産業者の言うことを聞いてはいけません。

おもしろいですね、それ。報酬体系で相手を判断できるんですね。

不動産は、買い手がひとりいれば成り立つビジネスだから、そのひとりを見つけられるなら、不動産業者の言いなりにならなくてすみます。

このように、相手の報酬システムを知るというのは、じつに大切なことです。

「少数の目利き」の情報を当たる

Dさんは、口コミを参考にして選択肢を絞ることはありますか？

たとえば、「今日は、渋谷でおいしいお魚が食べたい」と思って、「食べログ」で検索をかけると、たくさんのお店が出てきますよね。ランキングも発表されていますから、お店を絞り込むときに便利です。

でも、食べログの口コミを読んでも、評価者がどれだけ料理に詳しいのか、どれだけ食に通じているのかがわからないので、僕は食べログの評価を鵜《う》呑《の》みにはしません。

普通の人が「おいしい」と感じるレベルと、食通の人が「おいしい」と感じるレベルには違いがあるからです。

コストパフォーマンス重視でお店を探すのであれば、僕も食べログを見たりしますが、

「今日は、少しくらいお金を出してもいいから、おいしい食事が食べたい」「今日は、大事な人をもてなしたい」という場面では、食べログではなく、食に詳しい「目利き」に教えてもらいます。

仮に食べログを参考にするのであれば、「カリスマレビュアー」がおすすめするお店を選ぶでしょうね。

なんか最近、「ビッグデータ」が注目されていますけど、「数が多ければ正しい」みたいなことではないわけですね。みんなの意見を参考にするのではなくて、信用できる人の意見を参考にする、ということですか？

『The Tipping Point』(邦訳『急に売れ始めるにはワケがある』)の著者、マルコム・グラッドウェルは、「少数の目利きに浸透すること」という言葉で説明していますが、ようするに、**各ジャンルに存在する「少数の目利き」を押さえておく**わけですね。

そして、その目利きが持っている情報を参考にすればいい。それがもっとも間違いのない選択だと思います。

Dさんにもやっぱりいるんですか？　信頼できる目利きのような人が。

もちろん、います。

たとえば、最新テクノロジーだったら伊藤穰一《いとうじょういち》さん（ＭＩＴメディアラボ）とか、ミチオ・カクさんとか。投資に関しては、藤野英人さんとか。

信頼できる目利きの人を見つけるときのポイントは？

有名無名にかかわらず、「現場を持っている」ことですね。

ミーハー心丸出しで、「とりあえず有名な人をフォローしちゃえ」みたいな発想だと、良い情報を集めることはできません。目利きは、現場の中にしかいませんから。

達人がつぶやく「ボソッ」を聞き逃すな

「この組み合わせで100倍はおいしいな……」

僕がまだ駆け出しのライターだった24歳のころ、オートレースの達人に取材するため
オートレース場に行ったとき、達人が「ボソっ」とつぶやいた言葉です。

その日、取材以外に何の予定もなかった僕は、この言葉を聞いて、取材相手と一緒に、
そのレースに賭けてみることにしました。もちろんギャンブルははじめてです。

でも、僕はこのはじめてのギャンブルで、100倍の配当を手にしました。とはいって
も元本が小さかったため、手にした金額は微々たるものでしたが…。

この小さな勝利で、僕は選択の持つ力を、あらためて痛感しました。

たったひとつの決断が、その後の人生を大きく左右することがある。それはビジネスに
おいても、投資においても、結婚においても、まったく同じことだと思います。

それから、こんなこともありました。僕がまだ出版社にいたとき、ITやデジタルに強
い先輩編集者が「ボソっ」とつぶやきました。

「Amazonって、いいよな」

先輩の言うとおり、その後、僕はAmazonに入社し、Amazonは伸びました。

ようするに、少数の目利きが「ボソっ」と口にする意見を聞き逃すな、ということです。

!
この組み合わせ、
おいしいな…
ボソッ

目利きといえども、責任を負わせたり、オフィシャルな立場としての意見を言わせようとすると、保守的になって「安パイ」な回答をしがちです。「安パイ」の中に大当たりは含まれませんから、無責任に、個人的に口にする「ボソっ」を聞き逃さない。

「ボソっ」の中には、大化け銘柄が隠されている可能性があります。

ひとりを恐れたら、「オリジナル」にはなれない

多くの人が、口コミを頼りにしているのは、どうしてだと思いますか?

損をしたくないから、ですか?

それもそうですが、一番の理由は、「社会性の原理」が働いているからです。

社会性の原理?

「みんながやっているから、自分もやらないといけない」

「みんなが『これは良い』と言っているのだから、良いに違いない」

と考えて、世の中の意見に同調することです。

「みんながやっているから自分も」という選択は、絶対にやめたほうがいい。

なぜなら、みんながやっているからといって、正しいとは限らないからです。そして、あなたに合っているかどうかもわからない。

だから僕は、１万人が敵になっても全然怖くないです。もっと言うと、１００万人が敵でも怖くない。なぜかというと「僕のほうが、正しいから」。

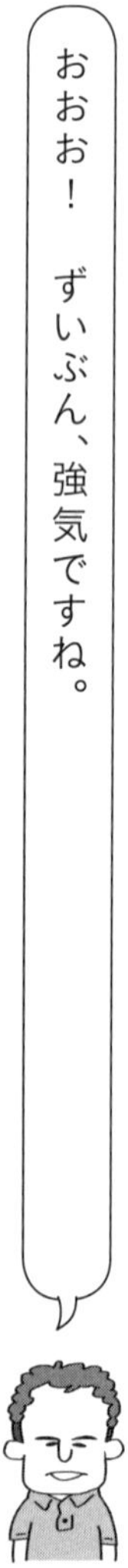

もちろん、１００万人が正しくて、僕ひとりが間違っていることもある。ということは逆に言えば、僕が正しくて１００万人が間違っていることもあるということ。ひとつだけ間違いないのは、自分に合っているかどうかは自分が一番よくわかっているということ。
僕はそのことがわかっているので、誰かに批判されても、まったく気にならない。
それから僕は、人と比べることもほとんどない。なぜなら、「比べる」という行為が、ときとして間違った認識をもたらすからです。

たとえばこれは僕の例ですが、以前は「2DK　家賃6万2000円」のアパートに一家4人で住んでいたので、新築マンションを見るたびに「ほしい！」と思っていました。

自分が住んでいるアパートと「比べる」と、新築マンションは「楽園」に見えたんです。

ところが、ここで問題となるのは、「30年ローンを組んで、3000万円以上かけて買う価値があるのか」ということです。

あるんじゃないの？

世界一の投資家、ウォーレン・バフェットの言葉を借りれば、「120キロであるか、150キロであるかは、問題ではありません。どちらも太っていることは同じ」ということです。

もしみなさんが**「正しい選択」をしたいのなら、これまでの「相対」という軸に加え、「絶対」という軸を持ったほうがいい。**

相対というのは、「比較」ということですね。

そうです。

だから「クラスの中で一番カッコイイ」かどうかは問題ではありません。自分が求める絶対的な「カッコよさ」を持っているかが問題です。

同様に、他人と比べて給料が高いか安いかも問題ではありません。自分が人生を充実させるためにいくらのお金が必要か、そこから必要な給料を計算するべきです。

そうでないと、人の給料と自分の給料を比べては嫉妬が生まれ、どんなに稼ごうとあなたは満足できなくなってしまいます。

大切なのは、

「まわりがやっているから……」

「他の人と比べると……」

という言葉を自分のボキャブラリーの中からなくすこと。

みなさんが選択するための基準は、「絶対基準」であり、その他大勢が気にしていることなど捨ててしまっていい。

普通、他人の目や声を気にして、「悪口を言われたくない」とか、「批判されたくない」と思うじゃないですか。

こう言ってはなんですけど……、Dさんくらいになると、賛否両論あると思うんです。Dさんのことを嫌いな人もいると思う。

Dさんは、「否」の意見にさらされても、動じない感じがするのですが、その強さはどこからくるのですか？

たとえば、僕のセミナーに参加してくれた方が書いてくれるセミナー後のアンケートで酷評されたとしますよね。そのとき、セミナーの内容についてではなくて、僕個人の人格を否定されるような内容が書かれてあっても、僕は気にしない。それどころか、
「僕って、愛されてるなー」
って思います（笑）。
たいていの批判は感情的な批判だから、その人の癇《かん》に障る何かを僕はどこかのセミナーかインタビューなどで言ったのだと思います。それが何なのかはわからないし、わかる必要もない。

でも、その人は僕を否定しながらも、お金を払ってセミナーに参加しているのです。ということは、

「愛情表現が下手なだけで、本当は、僕の何かが好き」

だと解釈できませんか？

実際に最初は僕のことが大嫌いでも、直接言葉を交わしてみたら「案外、信頼できるかも」と考えをあらためる人もたくさんいました。

だから、「この人も僕と直接話したら、僕のこと好きになるのに」と思って、いつも残念に思っています（笑）。

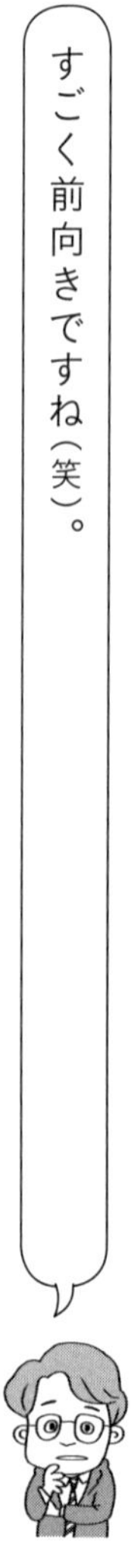

本の内容に論理的な破綻があるのなら、素直に反省をしたほうがいい。だけど、叩かれたからといって、落ち込んだり、凹む必要はまったくないと思います。

なぜなら、人間は自己修正しながら成長していくものだからです。そう考えると、「叩かれる」ことは、成長にとってはいいことなんです。

人間は元来、ひとりで生まれて、ひとりで死んでいくものです。

僕がなりたいのは、特別なアイデンティティーを持った「オリジナル」です。**ひとりになることを恐れていたら、オリジナルにはなれないですよね。**だって、オンリーワンな人間はひとりしかいないのですから。

でも、ひとりになるのって、普通は怖い。

僕も人間だから、不安や寂しさがないわけではないけれど、僕がひとりでも平気なのは、突き詰めて考えると「親に愛された自信があるから」です。

誰に批判をされようと、叩かれようと、どれほど仕事がうまくいかなくても、

「今の自分には価値がある」

「今の自分に価値はなくても、未来の自分には価値がある」

と思えたら人間は強くなれると思うんです。

成功する人って、自分に固執していなくて、どんどん変更を加え、自己修正できます。けれど、誰からも信じてもらえない人は、自分しか自分を信じる人がいない。だから自分を絶対視してしまう。自分に固執して、自分を変えることができないんです。

自信を持てるかどうかは、やっぱり、親の愛情が大きい？

親がいなければ、親の代わりになる存在ですね。親は、「今の自分」を見ているわけではなくて、「未来の自分」を信じてくれる存在です。

人間は、「信じてもらえると頑張る生き物」であり、「期待されたら頑張る生き物」なんです。だから、親の責任は重大だと思いますね。

Dさんも、気持ちが揺らぐときがあるのですか？

いっぱいあります。いっぱいあるけど、ではそのとき、どのように気持ちを修正しているかというと、「まわり」を見るようにしています。

そうすれば、僕のまわりには優秀な人がたくさんいるので、

「こんなに優秀な人に囲まれている僕がうまくいかないわけないよね。最悪、この人たちにお願いしたら、なんとかできそうだよね。これほど優秀な人が付き合ってくれているのだから、僕も『そこそこ優秀』だよね。だから、きっと成功するよね」

と思えるようになります。

人を惹きつけるには、「隠れシグナル」を発信しろ！

「目利きの人」や「本物の情報を持っている人」と仲良くなるには、どうしたらいいですか？

Dさんは、「子どものころは嫌われ者だった」とか、「ひとりでいるのが好きだった」と言っているわりに、今、かなり強力な人脈を持っているじゃないですか。

人を惹きつける方法はいくつかありますが、僕は、次の2つがとても大事だと思っています。

①人を惹きつけるものを買う
②ボキャブラリーを磨く

①人を惹きつけるものを買う

人を惹きつける特別なものを買うと、「特別な相手」を引き寄せることができます。

僕は以前、短い期間でしたが、アンティークカーを所有していたことがありました。すると、大手化粧品メーカーのトップデザイナーをされているフランス人女性から、「あなたのクルマの大ファンだ」と声をかけていただいたんです。

もし僕が乗っているクルマが普通の車だったら、この女性は僕に興味を持たなかったはずです。魅力的なクルマを所有していたからこそ、普通なら絶対に知り合うことのない、超一流デザイナーと面識ができたわけです。

それから今、僕は現代アートに関心があって、オナシス財団というギリシアで最大規模の財団がプッシュしているアーティストの作品を購入しました。

すると、オナシス財団と仲良くなったり、アテネのギャラリーと仲良くなれる。アテネのギャラリーはギリシア中の富豪とつながっています。

アンティークやアートは、人脈をつくる上でも、資産をつくる上でも、めちゃくちゃおいしい投資です（笑）。

ものにこだわれ、と。ストーリーのあるものを持て、と。

吊るしのスーツを着てもいいのだけれど、タイピンとか、ネクタイとか、ワンポイントでもいいから、「人が反応するもの」を持っていたり、身につけておく。それが会話のきっかけになります。

身につけるものは、決して油断してはいけない。**話題になるものを身につけると人の縁が増えると思います**。

人は、「隠れシグナル」に反応するものです。好きな人同士にしかわからない「暗号」って、ありますよね？

「隠れシグナル」？　「暗号」？

僕は新宿ゴールデン街が好きでよく行くのですが、ゴールデン街は「隠れシグナル」で溢れています。

たとえば、ゴールデン街には「月に吠える」というバーがあります。本が好きな人なら、詩人・萩原朔太郎氏の詩集『月に吠える』が由来であることがすぐにわかります。

けれど、文学や、出版や、萩原朔太郎に興味がない人には、「ピン」とこないわけです。
だから、「好きな人にはすぐにわかるけれど、好きではない人はまったく反応しない」ような暗号を身につけておくことが大事です。

隠れシグナルを発信すると、同じ感性を持つ一部の人が反応するわけですね。

そうです。
ただし、隠れシグナルには「いい人が集まるシグナル」と、「悪い人が集まるシグナル」があるので、「このシグナルを身につけることによって、どういう人が寄ってくるか」を考えないとダメですね。

Dさんのネクタイ、素敵ですよね。

ありがとうございます。
僕はファッションにはそれほど詳しくないけれど、洋服を選ぶときも、「誰に認められたいか」を明確に決めてから選ぶようにしています。

以前、スーツを買いに行ったとき、ショップのスタッフさんに「今度、ニューヨークに行くので、ニューヨークのカルチャーを意識した感じに」とお願いして、選んでもらったことがあります。

「相手の様式」に自分を合わせるのはすごく大事でそれだけで親近感を持ってもらえます。

相手が「この人は仲間だ」と思ってくれるような演出をすることが大事なのですね。

そうです。

②ボキャブラリーを磨く

2つ目の、ボキャブラリーを磨く、というのは？

ボキャブラリーも人を惹きつける要素であり、「隠れシグナル」です。その人が、

「どんな言葉を使っているのか」

「どんな用語を知っているか」

によって、集まってくる人が変わります。

人間にとって、「共通の話題」は重要ですよね。でも、「芸能人の話題」で盛り上がるのと、「ギリシア哲学」で盛り上がるのとでは、付き合う人が変わります。

たとえば僕が、

「最近は、サブスクリプションモデルが流行っていますよね。月額課金のサブスクリプション型サービスが選ばれているのは、今の若者たちが未来を見通せないからだと思います。雇用不安があり、将来の見通しが立たないのに、所有することはリスクをともなうからです」

と言ったとき、相手が反応した場合は、「自分と同等のレベル」「ボキャブラリーが豊富である」と判断できる。つまり、付き合うに値する人物だと判断できます。

マーケティングの世界では「デ・マーケティング」という言葉があって、「望まない人間をマーケティングしない」という考え方も大事なんです。

「望まない人間」がくると、処理するのに手間と時間がかかりますからね。

だから、「望まない人間」が来ないようにマーケティングしなければいけない。

僕は基本的に、
「優秀になりたくて努力する覚悟のある人」
「それに対して金銭的な対価を払ってもいいと思っている人」
しか引き寄せたいと思わないから、意識的に、そういう人だけが引き寄せられるような「隠れシグナル」を発信しています。

教養のある人と付き合いたいなら、自分も教養を身につける必要がある、ということですね。

教養を身につけるためにも、本を読む必要があると思う。

インターネットが普及したことで、「紙の時代は終わり」と言われますよね？　たしかに僕も、一部を除き「雑誌」の役割は終わったのかな、と思います。なぜかというと、雑誌は、「伝えるだけ」のメディアになっているから。

けれど、本は違う。なぜなら、本は「優秀な人間同士の秘密暗号（＝隠れシグナル）」だからです。

「どんな本を読んでいるか」「どの本をおもしろいと思ったか」がわかれば、自分と同じ、あるいは自分よりも優秀な人を見極めることができるからですね。

師匠やメンターを追い込むと、いいアイデアがもらえる

Dさん自身が、誰かにとっての「目利き」になることだってあるわけですよね。

あります。

でも、僕がアドバイスをしたからといって、必ずその人が成功するとは限りません。成功する人もいれば、失敗する人もいる。

失敗する人には共通点があります。

どんな？

自分の失敗を他人のせいにする。

たとえば、「もしDさんの言う通りにやって失敗しても、Dさんは私の失敗に責任を取ってくれないですよね。失敗したら全部私のリスクですよね」と考えて、行動をしないんです。

行動しない人は、自己客観視ができていません。だから、「今のイケてない自分と、イケてる人の判断のどちらが正しいか」がわかっていません。

確率の高いものを何回か試したら、成功するんです。「何回か試す」が備わっていないと、失敗したままで終わってしまう。

もし、イケてる人、できる人、目利きのアドバイスが信じられないのなら、目利きを10人くらい用意して、全部試してみればいい。そうすれば、どれか当たりますから。

10分の1ずつ、その人たちの言うことを試してみる。そうすれば、絶対に当たりが出ますよ。

だからまず、「失敗したらどうするんですか」という考えを捨てることです。

たとえば、「9回裏2アウト満塁、打たれたらサヨナラ負けのシーン」であなたがピッチャーだったとき、多くの人は、どう考えると思いますか？

自分なら、「打たれたらみんなに責められる」「負けたら自分の責任になる」と考えるかな。

ですよね。

でも成功する人は、「ここで抑えたら、オレはヒーローだ！」と前向きに考える。

「外したらどうしよう」ではなくて「当たっちゃったらどうしよう」と考えることができれば、人間は行動力が湧いてくるんです。

「どうしよう、これが当たっちゃったらすごいことになる」と思えたら、ワクワクして、テンションが上がるじゃないですか。

「当たっちゃったらどうしよう」と考えられる人にとって、一度の失敗は、むしろラッキーです。だって、「やべぇー。1回目は失敗したってことは、最後にドラマチックな展開が待っているに違いない」と、ずっとワクワクできるのですからね（笑）。

「一度も失敗したくない」とか、「一度失敗したからもうやりたくない」とか、僕に言わ

せると、おこがましい（笑）。そんなに簡単に成功するものなんて、世の中にないですから。

仮に「目利き」や「優秀な人」からもらったアドバイスを実行して、それでもうまくいかなかったとします。

そのとき僕ならどうするかというと、ニコニコした顔で、目利きのところにもう一度、アドバイスをもらいに行きます。

一度その人の言う通りにして失敗しているのに、また同じ人に聞きに行くのですか？

そうです。そしてその人に、こう言います。

「わかりましたよ、○○さん。最初からうまくいかないのを承知の上で、僕を試しましたね。そして、僕がもう一度戻ってくるか、試したのですね（笑）。僕はこの程度の失敗では折れませんよ。だから、次のアドバイスをください」

そうしたら、1回目よりもいいアイデアを教えてくれますよ。そして、アドバイスをもらったら、もう1回やってみる。

それでも失敗したら？

もう一度、しつこくアドバイスをもらいに行く（笑）。ここでのポイントは「何度でも行く」ことです。

ようは、**相手を追い込んで、本気にさせるんです**。師匠やメンターがいるのなら、どんどん追い込んで、プレッシャーをかければいい。

そうすれば相手だって、「そう何回も、失敗させられない。次は勝たせてあげないとまずい。自分の信用にも関わる」と思って、必死になってフォローしてくれますから。

僕だって、何度もしつこくアドバイスを求めてくる著者候補がいたら、「これはちょっとマズいから、なんとか知り合いの編集者に頭を下げて企画を通さないと」と思います。

追い込めばいいんですよ、師匠やメンターを。

これまでそんなこと考えたことなかったな……。Dさん、おそるべし！

お互いの選択が食い違ったときは「前提」を統一する

たとえば、会社でも学校でもいいのですけど、何らかの組織に属していると、自分の選択とまわりの選択が一致しないことがありますよね。

　自分は「A」というプロジェクトを選択したいのに、上司から「B」を選択しろと言われたりすることがある。

　自分の選択がまわりに受け入れられないとき、どう折り合いをつけていけばいいのでしょうか。自分の意見を押し通すのか、それとも、相手の意見に乗ったほうがいいのか……。

鈴木《すずき》博毅《ひろき》さんの著書、『「超」入門 空気の研究——日本人の思考と行動を支配する27の見えない圧力』（ダイヤモンド社）の中に、「空気＝ある種の前提」と書いてあります。
会社でよく言われる、「お前はうちの空気が読めてないだろ！」は、「お前はうちの前提

が読めてないだろ！」と同じ意味なので、日本の企業でうまくやるには、「前提」を共有することが大切です。

自分が選択した結論と、上司の結論が違った場合、「出した結論」をぶつけ合うと、収拾がつきません。「私はこう思う」「オレはこう思う」と言い争いになるだけです。

結論がズレるのは、そもそもの前提の捉え方が違っているからです。

だから「前提」を統一するんです。前提を変えると空気が変わります。

たとえば？　どうやって統一するのですか？

「ウチの会社って、そもそも何のためにあるんだっけ」とか、「このプロジェクトをやろうと思った目的って、そもそも何だっけ」とか、「クライアントの要望は、そもそも何だっけ」と、話を戻して「前提」を統一する。そうすると、結論が一緒になりやすい。

僕がまだ会社員だったとき、上司を呼び出したことがあるんです。

上司にDさんが呼び出されたのではなくて、Dさんが上司を呼び出した？

「キーパーソン」を味方につける

はい（笑）。

その上司は僕がいたチームに新しく配属されてきた人で、ようするに新参者だったわけですが、部署の空気を読まず、いつも自分の考えを押し通そうとしていました。その結果、部下から総スカンを食らっていたんです。

そこで僕が一度呼び出して、「今、こうこう、こういう状態です。で、○○さんがうちのチームに溶け込むためにちょっとご提案したいんですけど……」と伝えた。上司にとっても「自分の利益につながる前提」なので、僕の意見に耳を傾けてくれました。

仮に僕が、「誰々さんのやり方はおかしい」と結果を非難していたら、上司は腹を立てたでしょう。でも、「チームとしてどうあるべきか」という前提に立ち返ったからこそ、建設的な話し合いができたわけです。

> 目の前に起きている結果だけにフォーカスするのではなくて、もっと前の「そもそも」まで戻って話し合えば、お互いが並走できる可能性が高くなるわけですね。

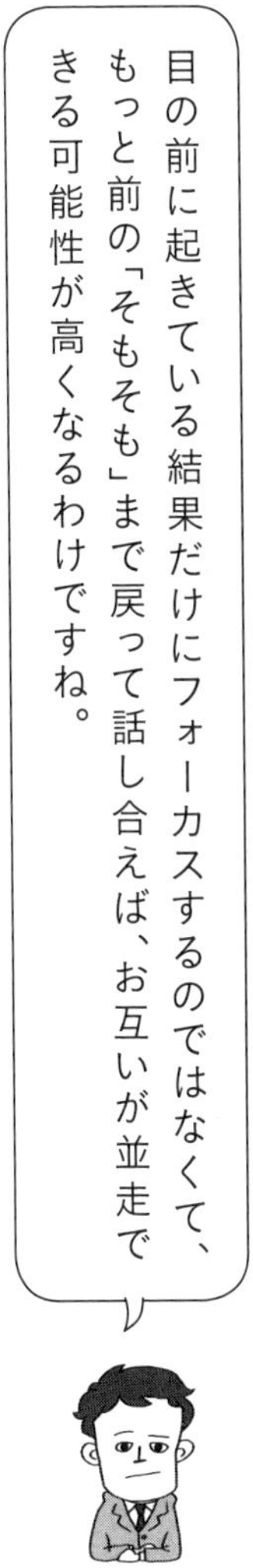

結果の議論をすると、みんな、頑なになるんです。そして主張の争いになる。

でも、前提のコントロールは意外とケンカにはならず、建設的な議論になります。だから、選択肢が割れた場合は、前提を共有するのが一番です。

会社員としての一番の前提は、「会社が好きなこと」ですから、そこに立ち返れば大体はまとまるはず。だから会社を好きじゃない人を本来、入れちゃまずいんですよね。

みなさんも条件がいいからって好きでもない会社に入るのはやめましょう。

第 4 章

価値ある「情報」のつかみ方

効率よりも効果を重んじよ

情報収集と選択は、セットになっています。**良い選択、筋のいい選択、成功確率の高い選択をするには、「価値の高い情報」を入手する必要があります。**

では、「価値の高い情報」とはどういうものでしょうか？
イメージを摑《つか》んでいただくために、僕がよくセミナーでするお話を紹介します。

みなさんが、あるビジネス書を売るために、1万人の見込み客にメールを送ったとします。僕の経験上、何の工夫もなくメールを送った場合、メールを読んでくれる人は、「5％」程度です。1万人のうち、500人しかメールを読んでくれません。

そのうち、「実際の本を買ってくれる人」はどのくらいいるかというと、さらに「5％」程度です。ですから、「1万人にメールを送ると、25冊が売れる」という計算になります。

たった25冊しか売れないのですね。

けれど、もしみなさんがコピーの書き方を勉強して、「読ませる力」を2倍の10％にしたとすると、売上は何倍になるでしょうか？

2倍？

いいえ、答えは「4倍」です。

1万人にメールを送って、10％の人が読むのだから、1000人がメールを読むことになります。

さらに、本を買ってくれるのはそのうち「10％」だから、売上は100冊になる。4倍になったでしょう？　ちなみに僕は、Amazon時代に、「20％」という数字を叩き出していました。

20％ということは、1万人にメールを打って、2000人が読み、400人が買うから、16倍！

僕が言いたいのは、**「コピーライティングの訓練には、人の4倍〜16倍の時間をかける価値がある」ということ**です。

だって、考えてみてください。

AさんとBさんが、在庫が100個ある1万円の商品を売るために、コピーを書いたとします。

Aさんは、1時間で仕上げたのに、Bさんは「ああでもない、こうでもない」と試行錯誤して、何と8時間もかけてコピーを仕上げました。

結果を見てみると、Aさんは「コピー力5％」で、1万人の見込み客から25人に買わせることができた。つまり売上は25万円です。

Bさんは随分と時間をかけてしまいましたが、「コピー力10％」で、100人に買わせることができました。売上は100万円です。

この2人の仕事はどうやって評価するべきでしょうか？

仮に2人の給料が同じ、年収400万円だったとします。実働が年250日で計算したら、2人の日当は、「1万6000円」になります。

これを1日8時間として時給に換算すると、2人の時給は「2000円」です。

すると、1時間で仕上げたAさんは、2000円で25万円の売上をつくったことになります。

それに対して、8時間かかったBさんは、1万6000円のコストをかけているものの、リターンは100万円です。

これを人件費1円当たりの稼ぎでみると、

Aさん……25万円÷2000円＝125円

Bさん……100万円÷1万6000円＝62・5円

ということは、Aさんのほうが効率的ってこと？

いいえ、違います。

なぜなら、**仮にAさんが1時間で仕事を終えたとしても、残りの7時間を「付加価値」を生むために使っているかどうかはわからないからです。**

それに、Aさんが今のコピー力のまま100個の在庫をなくそうとすると、あと3回、広告なりメールを打たなければなりません。

広告コスト、在庫コスト、追加3回分の人件費（＝6000円）、「売れてない感」を演出してしまったことによるお客様のイメージなどへの影響を考えると、Bさんのほうがはるかにいい仕事をしています。

とくにクリエイティブな仕事に当てはまることですが、**効率ばかりを重視すると、かえって効率を失うことになる**のです。

僕の会社では、このことを称して、

「効率よりも効果を重んじよ」

と言っています。

つまり、クリエイティブの世界では、1万部の本を100冊つくるよりも、100万部の本を1冊つくったほうがいい。そのために、

「目先の効率を捨てて知恵を絞れ」

と教えているわけです。

最近のビジネス書は効率に関するものばかりが売れていますが、実際問題、効率を良く

ウ～ーーン…
ヨーシ！

するための本を10冊も20冊も読んでいるのは、かえって効率が悪い行為だと思います。

そんな時間があったら、1冊でも多く、毛色の違う本を読んで、他者と差別化するためのアイデアを入手する。

そうすることで、成果も出るし、知識の希少性も増す。自分の仕事の単価も上がるというものです。

読むべき本だけをスクリーニングする

「効果」を上げるために、どんな本を、どのように選択すればいいのですか？

価値ある情報に触れるための本の選びかたを教えてください。

「効率よりも効果を重視する読書」をするには、読むべき本だけをスクリーニングする必要があります。

では、どのようにスクリーニングするかというと、ポイントは次の「4つ」です。

①時の評価に耐え、生き残ってきた本を読む
②著者で選ぶ
③ジャンル・カテゴリーを超える
④「結果」ではなく「原因」が書いてある本を読む

①時の評価に耐え、生き残ってきた本を読む

みなさんが読書をするとき、どのように本を選んでいますか？　もし、あなたの答えが「新刊の中から」だったら、あなたの読書は「効果的」だとは言えません。

なぜなら、新しい本と古い本があったとき、**価値があるのは「時の評価を経てきた本」だから**です。

現在、書店のビジネス書の平台に並んでいるのは、新刊ばかりです。けれど、世の中に

は新刊だけが存在するわけではありません。

何かを選択する際の原則でもありますが、**目の前の選択肢を見て、それがすべてと思った人は、その時点で大きなチャンスを失っています。**

時の評価に耐え、生き残ってきた古典や、難解な専門書など、新刊コーナーには並ばなくても、読むべき本はたくさんあります。

本当に読書によって自分の価値を上げて行こうと思ったら、こういったものにも目を向けるべきです。

②著者で選ぶ

今だからお話しできますが、じつは僕は、「Amazon」時代に書評を手配する仕事をしていて、大学時代の恩師に怒られた経験があります。

Dさんが怒られるなんて、めずらしいですね。何をやらかしたのですか？

書評の依頼をする際、タイトルと出版社だけを伝えて依頼をかけていたのですが、それが原因で、恩師に「著者がわからないのに書評なんて受けられないでしょう」と一喝されてしまったのです。

なぜ著者がわからないとダメなのですか？　著者なんかわからなくても、内容が良ければいいじゃないですか。

ビジネス書はリターンを求めて読むものだから、その内容がプラスを生まなければ意味をなさない。逆にマイナスになるとしたら、読まないほうがいいに決まっています。だから、ビジネス書の読書においては、たくさんの本を効率良く読んでも意味がないわけです。

逆に必要なことは、**「本当に成果を上げている人」の考え方や、原理原則をきっちり学ぶこと。だからこそ、ビジネス書は著者選びが重要です。**

とくに、現場から離れた著者のノウハウは、やがて陳腐化します。ビジネス書を読むときには、「現役」の著者を選ぶこと。「その人が今も現役で活躍しているのか」をチェックしてください。

③ジャンル・カテゴリーを超える

人間は自分が得意とするもの、理解できるもの、好きなものに固執します。

それゆえ、多くの人が、今すでに「95点」取っている科目を「あと5点伸ばす」ための努力を必死にやっています。

ほかに50点の科目があるのだから、それを20点伸ばしたほうが、よほどビジネス的にプラスになるのに、そのことがわかっていません。

たとえば「うちの会社」の「出版戦略セミナー」で、「自己啓発書で目指せ100万部!」というタイトルのセミナーを行ったところ、あっという間に満員御礼になりました。

一方で、出版マーケティングにおいて大切な「流通の話」をするセミナーをやったところ、何とその半分しか人が集まらなかったのです。
どちらも充実した内容のセミナーでしたが、プロの目から見て、後者のセミナーのほうが、地味だけれども成果につながります。なぜなら、「流通」は多くの著者にとって、100点満点中50点の科目だからです。

Dさんも、50点を70点にする方法で成果を上げたことがあるのですか？

ありえます。たとえば、大学受験がそうでした。
ロクに勉強をしていなかった僕が慶應義塾大学に合格できたのは、「50点の科目を20点伸ばす」方法を使ったからです。
高校時代の僕は、勉強をさぼり気味で、さほど成績のいい生徒ではありませんでした。英語や世界史など、一部の好きな勉強だけは熱心にやっていましたが、いわゆる受験勉強というものを、直前までまったくやっていなかったのです。
でも、英語と世界史だけで受けられる学校は限られています。そこで、「自分がまったく手つかずで、まわりの受験生も手つかずの勉強」に、全精力を集中することにしました。

そんな科目、あったのですか？

「小論文」です。はっきりとは覚えていませんが、当時、僕が受けた慶應義塾大学の総合政策学部と文学部の合格者の小論文の平均点は、かなり低かったはずです。文学部に関しては、たしか１００点満点中、受験者の平均点は40点台、総合政策学部は50点台だったと思います。

僕はそこに目をつけて、総合政策学部と文学部に照準を合わせました。

そしてそこから約１ヵ月、高校の国語の先生に協力してもらって、小論文の猛特訓をはじめたんです。

小論文って、努力してもなかなか点数は取れない気がするのですけど。

「小論文は努力してもそれほど点数は上がらない」と多くの受験生が疑っていたからこそ、差をつけることができたんです。

結局、僕はこの特訓によって、「平均80点～90点」をコンスタントに取れるようになり、ある全国模試の小論文試験では、全国トップを取ることができました。

で、結果は？

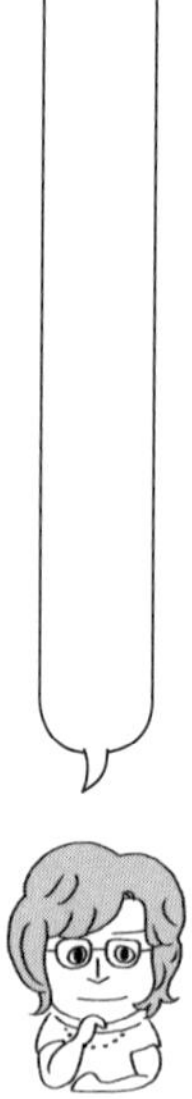

総合政策学部と文学部、どちらも合格しました。

さすが。

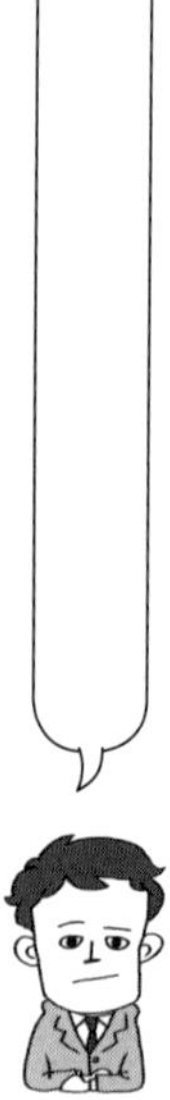

「誰もが疑うことに、全精力を注いで50点の科目を20点伸ばす」。

これは、今も僕の勝利の大原則になっています。

学習というのは、伸び代が大きいところに手をつけたほうが、一見、効率は悪そうだけれども、「効果が大きい」のですね。

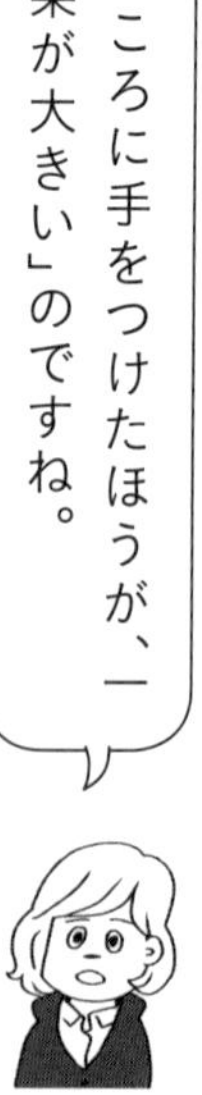

そうです。

だから、「異分野を学ぶ」ことを習慣づけたほうが得策です。

④「結果」ではなく「原因」が書いてある本を読む

世の中のすべてのことは、「原因」と「結果」でできています。ある事象を「原因」と「結果」に分けて考えられるようになると、本の選び方が変わります。

僕たちはつい、「結果」に目を奪われがちです。「結果」自体はわかりやすいからです。けれど、成功したいなら、結果に目を向けるのではなくて、原因を積み上げていくことが大事です。

原因を積み上げていって、確率の高いものを、試行回数を増やしていけば、だいたいのことはうまくいくんです。

僕は、「原因をつくり出す作業こそが、人間の価値である」と考えています。

たとえば、本に、「A社は20期連続増収増益をしている」という記述があったとします。20期連続増収増益は素晴らしいことですが、この数字はあくまでも結果であって、本当に大切なのは、「20期連続」という数字ではなくて、

「なぜ、20期連続増収増益を成し遂げることができたのか」

という「原因」のほうです。

「なぜ」の部分、つまり、その会社の核心部分を具体的に明かしている本は、読む価値があります。

メディアの情報を真に受けない

自分がメディアの仕事をしているのにこんなことを言うのもなんですが、

「メディアを疑う」

「メディアの情報を鵜呑みにしない」

ことも重要です。

なぜなら、**メディアは「極端なもの」を好む傾向があるからです。**

たとえば、ギリシアでバスジャックがあったり、発砲事件があったりすると、何も知らない日本人は、決まって「ギリシアって危ないところなの？」と聞いてくる。

でも、実際に何度も訪れている僕からすれば、ギリシアほど安全な国はありません。ちょっとぶっきらぼうで顔の彫りが深いので、誤解されることもあるかと思いますが(笑)、国民も人懐っこい人ばかりです。

では、なぜ日本人は「ギリシアを危ない場所」と思ってしまうのですか？

普段、ギリシアの情報に触れていない日本人にとっては、「危険な出来事」ばかりが印象に残ってしまうからです。

つまり、ギリシアのニュースが5つしかなくて、そのうち2つがバスジャックと発砲事件だったら、「ギリシアは危険な国」だと思ったとしても無理はありませんよね。

メディアは視聴率を取ったり、部数を上げるのが目的ですから、意図的にインパクトのある情報ばかり集めてきます。

だから、印象だけで物事を判断してしまうと、実態とは大きくかけ離れた結果につながってしまいます。

わかりやすい例として、「新商品開発の情報をもとに投資する」というケースを考えてみましょう。

よく、新商品の売れ行きをもとに投資をする人がいますが、これは考えものです。

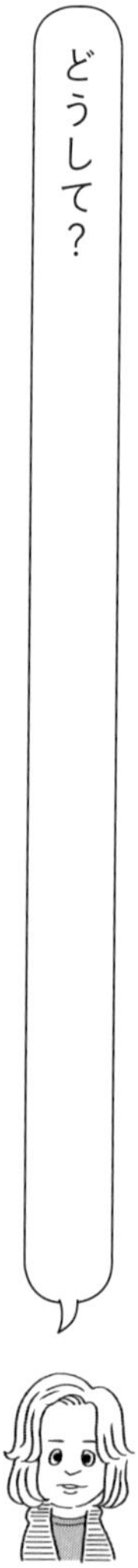

実際に投資するなら、一歩立ち止まって、その新商品が全体の売上や利益にどの程度貢献する商品なのか、調べてみる必要があります。

たしかに売れているけれど、3000億円企業のなかで年商1億円だったら、あまりインパクトはないかもしれません。

情報は絶対と相対、両方の軸で吟味する必要があります。

もし、「売上1億円」というように絶対額で示されていたら、それが多いのか少ないのか、業界平均や、従業員ひとり当たりの売上、あるいはコストと比較して、相対的に評価してみる。

「合格率90％」とあったなら、それはどれくらいの母数があっての話なのか聞いてみる。

そして合格者のトータルについても調べてみるといいでしょう。

つまり、数字をよく見せるのは商売上当たり前のことであり、みなさんが**賢いビジネスパーソンになろうと思ったら、数字の実態、数字の真実を読み取らなければいけない**、ということです。

!
90%
へー
へー

第5章

「運」は戦略的に呼び込める

運は人が運んでくるもの

Dさんは、「運」について、どう思っていますか？　Dさんは物事を論理的に考える人だから、何かを選択するときに、「運」とか、目に見えないものに頼ったりはしない感じがするのですけど……。

たしかに、ビジネスの場において「運」を語ることはナンセンスという風潮もありますよね。

でも、成功者の中には、はっきりと「自分は運が良かった」と口にする人もいます。

僕も、運は大事な要素だと思います。ただ、**運は「天に任せる」ものではなくて、自分で戦略的に呼び込んでいくもの**だと考えています。

「運がいい人」って、結果的にたまたま運が良かったのではなくて、「運が良くなる習慣」

を実践しているのではないでしょうか。

運は、偶発的なものというより、自分で引き込むものだと？

そうです。

では、Dさんが考える「運がいい人」の定義って？

僕は「運は人が運んでくるもの」だと思っています。

では、どんな人が運を運んでくれるのかというと、「いい人」。「いい人」たちに囲まれたら、運が良くなります。

「いい人」といっても、性格がいいとか、やさしいという意味ではなくて、

「まわりの人に信用されている人」

です。

「まわりの人に信用されている人」のところには仕事が舞い込み、それが僕たちにも回ってくる。だから、信用されている人に囲まれることが、運を良くする秘訣だと思いますね。

じゃあ、どうすれば信用されている人に囲まれたり、運が良くなったりするのですか？

運を呼び込むには、次の「8つ」の習慣を日頃から意識することが大切です。

①自分の「変わる力」を信じる
②自分の「ルーツ」を大事にする
③貢献できる武器を磨く（本業を磨く）
④「感謝の気持ち」を忘れない
⑤簡単に投げ出さない
⑥自分の業界の「タイタニック」を愛する
⑦「お金」と「時間」に余裕を持つ
⑧「流れ」に逆らわない

です。少し長くなりますが、大切なところなので順に説明しましょう。

①自分の「変わる力」を信じる

以前、お正月に元アスリートの兄に誘われて、地元（秋田県男鹿市）の「寒風山《かんぷうざん》」に登ったことがあります。

片道で7キロ。真冬の寒風山は吹雪いていて、最初の1キロくらいで僕は音を上げたんです。

「もうやめたい。絶対に凍え死ぬ。この1キロでこんなに辛いのに、あの山に登って帰ってくんの？」

って思ったんです（笑）。

ところが次第に体が適応しはじめて、なんなく登りきることができました。人間は、すごいポテンシャルを持っていて「変われる」んですよね。

厳しい局面に立たされたとき、人は、「こんなに厳しいところでは生きていけない」とか「こんなにしんどい仕事はできない」と弱音を吐きたくなるけれど、「自分の変わる力」

を信じてほしい。

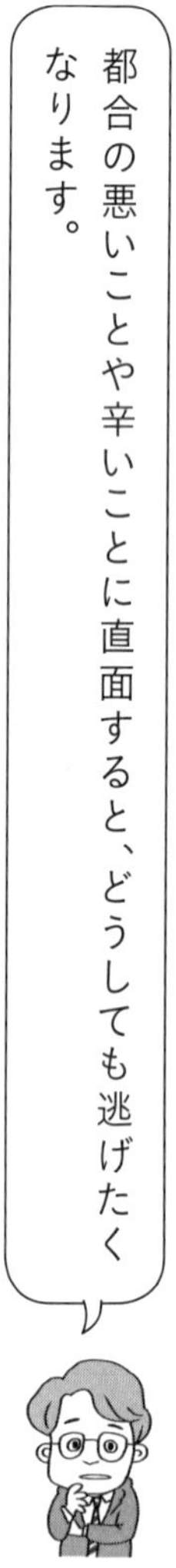
都合の悪いことや辛いことに直面すると、どうしても逃げたくなります。

逃げたくなる気持ちもわかりますが、逃げる人に、運は巡ってこないと思います。なぜかというと、社会的な評価として「逃げた人」というレッテルを貼られるからです。

辛いこと、大変なこと、苦しいことから逃げないで立ち向かった人のほうが、評価は上がりますよね？

一方で、逃げた人は評価が下がる。

一番怖いのは、逃げることで「自分自身が、自分を評価しなくなる」ことです。

「オレは逃げた」という負い目を引きずってしまい、自信をなくしてしまう。

何度失敗しても、うまくいかなくても、「自信」を失わなければ、必ずまた復活できます。だから、逃げてはいけない。

「自分は変われる」と信じて、乗り越えていく気概を持つ人に、運は巡ってきます。

「運」は戦略的に呼び込める

② 自分の「ルーツ」を大事にする

「逃げない」ことが大切なのはわかりました。でも、イジワルな言い方をすると、Dさんだって、秋田の田舎から逃げてきたわけですよね。

たしかに僕は秋田という環境に馴染めなかったけれど、そうは言いながらも、秋田が嫌いなわけではないんです。

地元の集まりにはまめに参加しているし、地元から講演依頼を受けたら、快くお引き受けします。

なぜ「嫌いじゃない」かというと、いい意味でも悪い意味でも、僕を育ててくれたのは、秋田だからです。

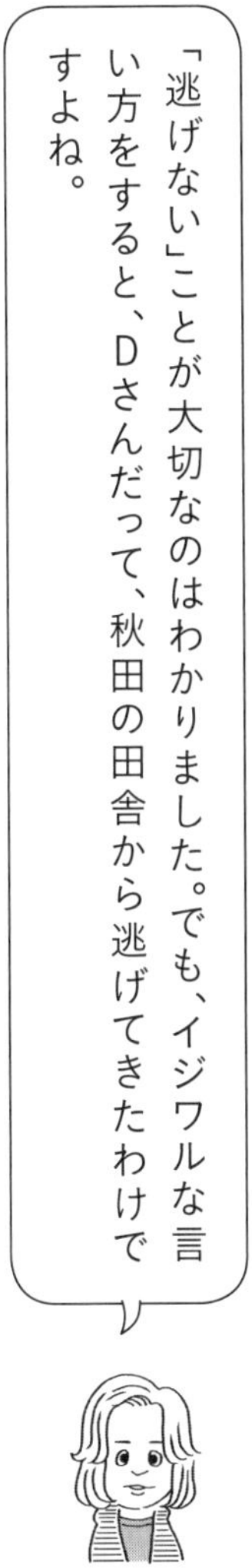

うまくいかないときは、逃げるのではなく、「距離をおく」のが大人の作法ですね。

僕は「ルーツを大事にしない人」は運に見放されると思っています。

僕はスピリチュアルな人間ではないから、「龍神に祈りを捧げると幸運を引き寄せる」みたいな話はまったく信じていないけれど、でも地元に戻ると、神社を参拝することがある。「地元のために祈れる自分」を自覚することが、自分の心を強くするからです。何かと繋がっている感覚は、人を強くします。

「地元の評判を上げるために東京で頑張ろう」でもいいのですけど、自分のルーツに誇りを持っている人は強いし、運もいいと思いますね。

③貢献できる武器を磨く（本業を磨く）

僕は最近、「アートフェア」にハマっていて、世界中のアートフェアを見て回っています。ニューヨークの「アクアヴェッラ」というギャラリーに行ったとき、フィンドレーさんという、目利きのギャラリストと知り合う機会がありました。

フィンドレーさんは、世界2大オークションハウスのひとつ、クリスティーズの印象派のトップだった人です。

「僕がプロデュースをした近藤麻理恵さんの本が、アメリカでベストセラーになった」と伝えると、フィンドレーさんが興味を持ってくださり、「私も本を出しているんだよ。日本で翻訳できないか?」と声をかけてくださいました。

結局、本業を通じて運は良くなるんだと思います。なぜなら、本業が一番「他人に貢献できる」からです。

フィンドレーさんにとってDさんは、「自分に貢献してくれる能力」を十分に持っている人物だった。なぜならDさんは、「出版プロデュース」という本業を磨いてきたから。

フィンドレーさんのような超一流の目利きを味方につけることができれば、まちがいなく運が良くなりそうですね。

僕も、そう思います。

④「感謝の気持ち」を忘れない

僕は、出版業界に感謝しています。孤独だった僕を救ってくれたのは本だったし、最初の就職に失敗したあと、道に迷っていた僕を拾ってくれたのも出版でした。

感謝をすると、お返ししたくなるじゃないですか。だから、必要以上に頑張りますよね。必要以上に頑張れば、自分の器がデカくなる。自分の器がデカくなれば、今まで以上の結果が出る。今まで以上の結果が出た状態こそ、「運がいい状態」だと思います。

僕は「結果を出そうと思ったら、いい気を循環していく」ことが必要だと考えています。「自分がいる業界に恩返ししたい」という人たちが集まって、一緒に仕事をすれば、絶対に気持ちいいじゃないですか。

気持ちいいから結果が出る。結果が出るから、また気持ちのいい人たちが集まって、もっと気持ちいい仕事ができる……みたいなスパイラルを起こせれば、絶対に運が良くなりますよね。

その業界のことが好きだから、実力以上に頑張れるわけですね。

「好き」という感情も大事だけれど、「好き」では、ちょっと弱いかな。**「好き」は「頑張る」とは結びつかないんです。**

なぜ？

好きではなくなったとたん、やめてしまうから。

好きなことでも、辛いとやめてしまうから。

でも、「感謝」や「恩返し」はやめるわけにいかないんです。

「相手が自分に期待してくれたから、その気持ちに応えたい」とか、「あの人が自分を救ってくれたから、今度は自分が救いたい」という気持ちを持っていれば、少しくらい辛いことがあっても、頑張れるんですよ、相手のために。

「好き」よりも「感謝」のほうがパワーは上なんですね。

だから、「好きを仕事にしよう」もその通りだと思いますが、**「感謝していること」を仕事にしたほうがもっと強くなれるし、あきらかに運が良くなるんです。**

⑤ 簡単に投げ出さない

結果が出ないからといって、簡単にあきらめないことも運を良くするポイントだと思います。

僕は、何か新しいことをはじめるとき、「結果が出るまで、どれくらいの期間が必要か」を見積もるようにしています。

なぜなら、結果にはすぐに出るものと、すぐには出ないものがあるからです。

Dさんが会社を立ち上げたとき、どれくらいで「結果が出る」と見積もっていたのですか？

僕は、会社を立ち上げる前から、次のように言っていたんです。

「本は、完成するまでに1年はかかる。1年かけてつくった本を売ってみて、その結果から自分が学習し、修正を加え、次の本につなげていくことを考えたら、3年でも結果は出ないかもしれない。

ベストセラーを出すには、おそらく『7年』は必要ではないか。7年間、感謝の気持ちを持ち続け、出版業界のために尽力して、それでも結果が出なければ、『自分は向いていない』と判断しよう。

年間10冊の本に関わり、7年間で70冊。70冊本をつくって1本もベストセラーにならなければ、『僕には才能がない』と判断しよう」

で、結局、何年でベストセラーが出たのですか？

2004年に立ち上げて、ちょうど7年後に、100万部オーバーの本をプロデュースしました。『人生がときめく片づけの魔法』です。

すぐに結果を求めると、小さなリターンしか得られない。大きなリターンを得るには、時間がかかる。だから、すぐに結果が出ないからといってあきらめず続けていくことが大切なのですね。

⑥自分の業界の「タイタニック」を愛する

僕は「自分の業界のタイタニックを愛せない人は成功しない」と考えています。

自分の業界のタイタニックって？

『タイタニック』という映画がありましたよね。あの映画を観て、素直に泣く人と、「あの映画ってさ……」と批判する人がいます。

「あの映画ってさ……」と批判する人は、メジャーなものを受け入れる視野が足りないと思います。メジャーなものを批判することがカッコよさだと履き違えているのかもしれま

「運」は戦略的に呼び込める

自分の業界においても「アンチ・メジャー」の姿勢でいたら、その人は決してヒットを飛ばすことはできない。なぜなら、消費者の気持ちに背を向けているからです。斜に構えて物事を批判したりしない。「売れているもの」を素直に好きになり、「なぜ売れるのだろう」と考えてみることが運を良くする秘訣です。

⑦「お金」と「時間」に余裕を持つ

運を良くするには、「お金」に余裕を持つ必要があると思います。

> それはDさんがお金を持っているから言えることであって、普通の人は、お金に余裕を持つのは難しいですよね。

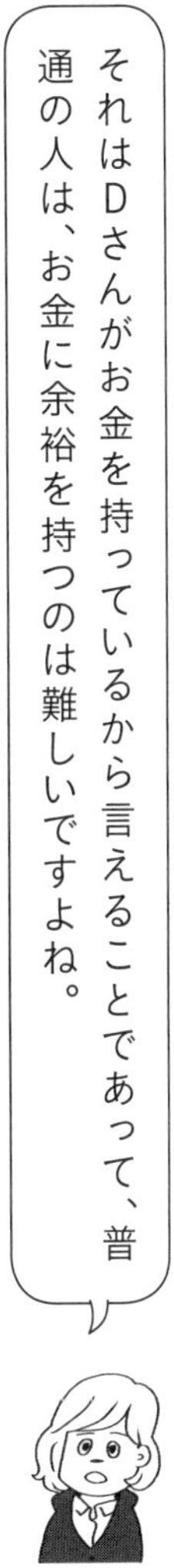

それは違います。

僕は、お金がなかったときから、「お金を何に使うか」「何に使わないか」を決めていました。

僕は「未来をつくる」ことにはお金を使うけれど、未来をつくらないものにはお金をかけなかった。

だから、お金に余裕を持つことができたんです。

未来をつくるお金の使い方って？

たとえば、「旅行にはお金を使う」と決めていて、「年間1００万円」の旅行予算を組んでいました。

1００万円もよく貯金できましたね。

どうやって旅行予算を捻出していたかというと、「家賃」にお金をかけなかったんです。

なぜなら、旅行は未来をつくるけど、住宅費が未来をつくることはないからです。

住宅は、「結果」なんです。「成功したらいい家に住める」という話なんです。成功してもいないのにいい家に住もうとしたら、未来をつくるための原資がなくなりますよね。

未来をつくらないものにお金を使うから、運が悪くなるんです。

みなさんが家賃にどれくらいお金をかけているかわかりませんが、自分の給料に対して、ビックリするくらいの「低い金額」を設定したら、お金は貯まりますよね。そして、貯めたお金を「自分を成長させるもの」に使えばいい。

でも、ケチケチ節約ばかりしていたら奥さんやパートナーから文句を言われそうです。

だったら、月に1度、高級レストランで食事をするのはどうですか？

イメージとしては、月の家賃を5万円削るけれど、奥さんと一緒に2万円の食事をする。で3万円は貯蓄に回る。そうすると、年間で「36万円」が貯まりますよね。

夫婦共働きでもう少し余裕があるのなら、年間「50万円」くらいは捻出できるのではありませんか？

あとは、車を持たない代わりにタクシーで移動するとか。車を持たない分余裕があるのだから、バンバン、タクシーに乗ってください。都市部の方なら、車の維持費より、タクシーに乗ったほうが安いから、お金は貯まると思います。

節約するためには固定費を削るのが鉄則だから、一番いいのは「住宅費」にお金をかけないことです。

極論を言えば、会社員のうちは車を買っちゃダメ。なぜなら、経費で落ちないから。お金持ちの社長が高級車に乗っているのは、経費で落ちるからだし、資産として売れるからです。

それと「お金」と同じように、「時間」に余裕を持つようにすると、運を良くします。

でも、毎日忙しくて、時間に余裕は持てないですよね。

忙しくても、「この人と付き合いたいな」「この人と仲良くしたいな」と思う人には、「暇です」と言っておくんです（笑）。

「暇にしておく」というのは、僕はひとつのスキルだと思います。

先日、あえて「暇な日」をつくってみました。で、ＳＮＳで「暇です」と書き込んだらどうなったかというと、大阪から遊びに来た知人が僕を連れ出してくれて、元首相のご家族に会わせてくれたり、ミュージシャンに会わせてくれたりして、めちゃくちゃ人脈が広がったんですよ。

実際に暇じゃなくても、「暇です」と言ったほうがいいのですか？

僕なら言いますね。

暇じゃなくても、「暇です」と言っておいたほうが、チャンスに恵まれると思います。

Dさんは３６５日、「仕事のオンオフは切り替えない」という感じですか？

僕は切り替えません。仕事とプライベートを分けなければ、「一石二鳥」になるじゃないですか。

プライベートだと思っていると、人間は大胆な行動がとれるようになります。

男性って、女の子が喜ぶと思ったら高価なプレゼントを買いますよね。自分の買い物だったら絶対に買わないのに、女の子を喜ばせるためにはお金を使う（笑）。それと同じです。

プライベートの中に仕事を織り交ぜる。

仕事の中にプライベートを織り交ぜる。

奮発していいホテルに泊まってみるとか、普段なら行かないところに行ってみるとか、そうすることでものを見る目が鍛えられて、今までよりもいい判断ができるようになったり、人と違う判断ができるようになる。

そうなれば、人と違う結果を出すことができるから、運が良くなると思います。

⑧「流れ」に逆らわない

僕は、「流れに逆らうと、運が悪くなる」と思っています。

時代の波に自分を合わせられるかどうか。合わせられる人は運が良くなると思いますね。時代に逆行したやり方で成功するのは難しいと思う。

さきほどの「タイタニック」にも共通しますが、時代の流れに乗ってみなければ、消費者の本当のニーズはわかりません。

でも、今の時代の流れも、これから先の流れも、まったくわからない。時代の流れや潮目をどうやって読めばいいのですか？

僕は「未来予測は意味がない」と考えています。なぜなら、予測に必要な材料は変わり続けているので、絶対の予測などできるはずがないからです。

では、**僕がどのように時代の流れを読んでいるのかというと、すべての物事を「対義語」で考えています。**

対義語で考えるって、どういうこと？

今が「豊か」な時代なら、次は「清貧」の時代になる。

今が「個人主義」の時代なら、次は「全体主義」の時代になる。

「今を表す言葉と、その対義語が何か」を考えれば、時代の波は読み取れると思うんです。

東日本大震災が起こった年のキーワードは、「混沌」です。

混沌の対義語は「秩序」です。

だから、このタイミングで片づけが流行し、こんまりさんの本は売れました。同じタイミングで、長谷部誠さんの『心を整える。勝利をたぐり寄せるための56の習慣』（幻冬舎）も売れました。

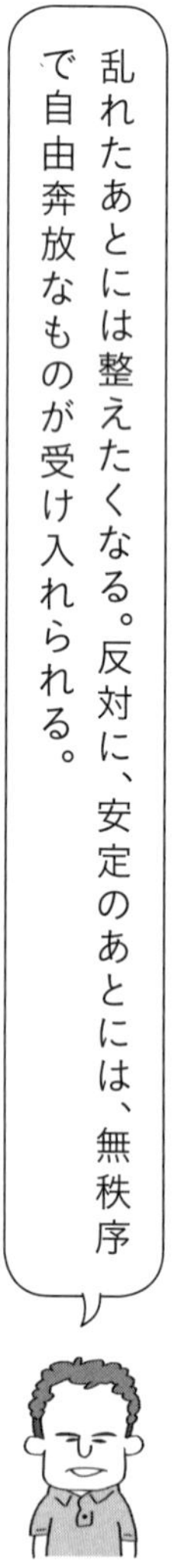
乱れたあとには整えたくなる。反対に、安定のあとには、無秩序で自由奔放なものが受け入れられる。

ただ、今の日本の残念なところは、世界のトレンドと大きくズレていることです。時代に逆らっているというか、乗り遅れている印象ですね。

正直に言うと、日本は衰退社会にまっすぐ向かっていくトレンドです。反対に、世界の人口は増えているし、経済成長もしていますよね。そのズレがとても大きい。

経済合理性だけで考えたら、日本にいること自体が「世界の流れに逆らっている」ことになるかもしれません。でもそれは、政治が決めることであって、商売人はそこを選べないですよね、残念ながら。

だから、コントロールできる範囲でなんとかする。「コントロール不可能なことは悩まない」ことが精神衛生上、大事です。

では、これから伸びる国はどこだと思いますか？

中国、それからインド、インドネシア、タイ、フィリピンあたりでしょうか。世界史を通して見てみると、中国とインドが世界の中心だったことがわかります。だから、そこに戻っていくのかもしれない。

アメリカは？

アメリカがどこまで踏ん張るか。トランプ大統領は、「アメリカの国益をまず考える」と言っていますが、それって実際は「アメリカさえ良ければ、あとはどうでもいい」という意味ですよね。だとすると、縮小均衡に進むと思います。

システムを閉ざすと全体のパイが小さくなるから、必ず景気は悪くなるはずです。一時的にアメリカの景気が良くなることはあるかもしれませんけど、長期的にはないと思います。まあ、北朝鮮に行くぐらいのビジネスマンだから、最後はどうなるかわかりませんけど（笑）。

秩序
混沌

「運」は戦略的に呼び込める

原則を言うと、交換を通じて膨らんでいくのが資本主義だから、交換を頻繁にしなくなるということは、衰退するということです。開くと大きくなる。閉ざすと小さくなる。これは経済の原則です。

人も同じで、「オープンな人」「ネットワークをたくさん持っている人」のほうがお金持ちになれます。

その人がお金持ちかどうかを見極めるには、その人のネットワークを見てみればいい。ネットワークをいっぱい持つ人と繋がっている、もしくは、その人自身がネットワークを持っている場合は、「お金も持っている」と考えることができます。

> その人にどのくらい人脈があるか。人脈やネットワークがその人の富を表すわけですね。

だから、お金持ちになりたいなら、常に心をオープンにしておくことが大切です。

時計は24時に迫ろうとしている。D氏のレクチャーがそろそろ終わろうとしていた。
D氏が席を立ち、自分のバッグの中から手帳を取り出しながら話を続ける。

僕が本を読み続けるのは、「人の課題を解決したい」から

僕は、人間的には欠陥だらけで、社会人としても、経営者としても、ほめられたものではありませんが（笑）、それでも、「教師」としては、多少なりとも、自信を持っています。

教師として？

うちの生徒さんに対しては、

・「損得を抜きにして、最後まで付き合う」

・「生徒の成功を信じて疑わない」

からです。

たとえ今、その人が挫折をしていても、僕は復活できると信じているし、その人自身があきらめようとしていても、僕はあきらめません。

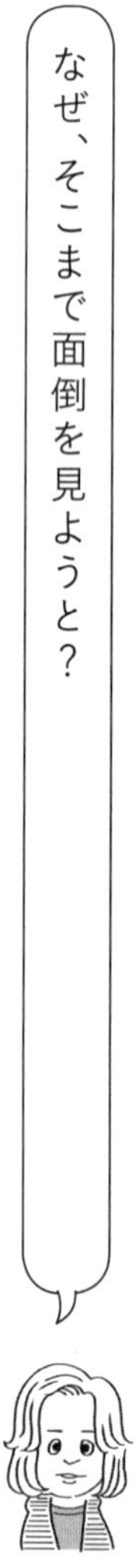

人が成功するのを見るのが好きだからです。

僕は、「人の成長」を見るのが好きだから、この仕事をしています。それは、偽らざる本音です。

人の相談に乗り、解決の手助けをすることが、僕の人生のすべてだと言っていい。だから僕は、自分が成功しなくても一向にかまわない。

でも、いくらDさんだって、解決できない問題があるのでは？

絶対に助けられるように、いかなる問題でも必ず解決策を見出せるように、僕は本を読んでいるんです。

僕に力がなければ、救えるはずの人を見捨てることになるかもしれない。それは無念だから、「絶対に人を救ってやる」という気迫を持って本を読み、書評を書いています。そこに関しては、誰にも負けない。

僕が本を読み続けるのは、「いつか出会う生徒さんに、解決策を示すため」です。

「幸せになる方法」など存在しない

でも、どんなに僕が本を読んで勉強しても、どんなに人を救いたいと思っても、僕が絶対に教えないこと、教える必要がないことがあります。

それは何ですか？

「幸せになる方法」です。

でも、多くの人は、幸せになりたいからDさんに教えを乞うのでは？

僕に、「幸せになる方法」は教えられない。なぜなら、幸福は基本的にその人の基準であり、その人が「幸せだ」と思ったら、即、幸せになれるからです。

幸せは、人から教わることでも、人に基準を与えられるものでもなくて、「自分が決めること」なんです。

今の自分の状況を「幸せ」だと思った瞬間に、幸せは訪れます。たとえ今が苦しい状況だとしても。

ウォーレン・バフェットが、

「成功とは望んだものを手に入れることで、幸福とはそれを楽しむこと」

という名言を残しているように、「今、自分が持っているもの」で楽しめるのなら、今すぐに幸せになれます。

今、幸せを感じられないとしたら、その理由は、

「今、自分が持っているもの」

「今、自分が生きていること」

に感謝していないからです。

一方で、望むものを手に入れるには、「確率の高い選択をして、試行回数を増やす」必要がある。だから、成功にはその方法を学ぶ余地があります。

Dさん自身、思い通りにいかないことがあっても、「自分は幸せだ」と思えるのですか？

下世話なたとえで恐縮ですが（笑）、以前、ジュリアナ東京（1990年代の「バブル期」に一世を風靡したディスコ）の元カリスマバーテンダーだった人に、「ナンパの極意」を教えてもらったことがあります。

彼が僕にこう言ったんです。

「Dくん、いいかい。１００人の女性に声をかけて、４人のとびっきりの美女と付き合えたら嬉しくないか？　嬉しいよね。だから、96人に断られたっていいから、美女を狙え」

ナンパの望みは、「４人の美女と付き合うこと」。これができれば「成功」です。

「96人に断られる」ことは成功に必要なプロセスですから、断られるたびに、「成功に近づいている」と考えることができるし、「このあと、いよいよ、すごい美女が来るかもしれない」と思い続けていられたら、人生は楽しくないですか？

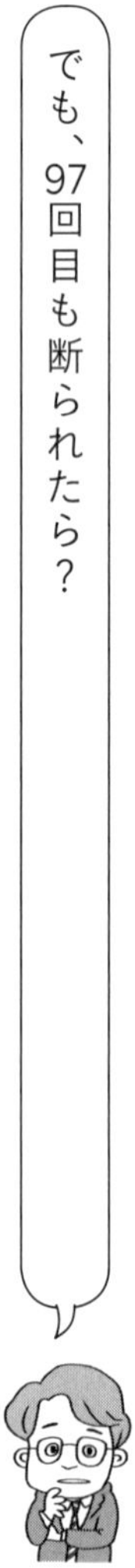

たとえ断られ続けても、「オレは今、成功に近づいている」「オレは今、成功に向かっている」とずっとワクワクしていられるのだから、僕は「幸せ」を感じることができる。

そして、断られても、断られても、「次こそ、すごい美女と付き合えるかもしれない」と期待しながら、寿命まで生きていくでしょうね（笑）。

「道なかばだったけど、俺は成功に向かって生き抜いた。いい人生だった」みたいな（笑）。

ようするに**僕は、どう転んでも「不幸にならない考え方」をしているんです**。だから、世界で一番幸せな自信があります。

誰にも未来のことはわかりませんよね。この先どうなるかわからないのなら、「今の気分」を良くしたほうがいいですよね？

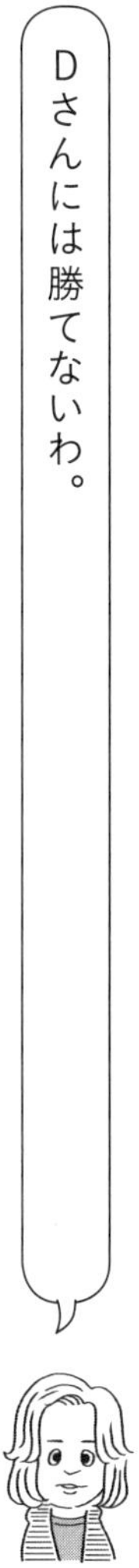

僕は今まで、成功者を数多く見てきたけれど、成功したからといって、必ずしも幸せだとは限らないことに気がつきました。

なぜだと思いますか？

成功は、過去形だからです。

過去になった瞬間に当たり前になるんです。成功の賞味期限はとても短くて、実現したら終わりなんです。

だから大切なのは、「成功を未来に置くこと」です。

成功を未来に置く？

常に成功に向かい続ける、ということです。

成功は、「未来に存在している」からこそ、人生の幸せや充実につながります。だから、絶対に「実現してはいけない」ものだとも言えます。

途中の目標をクリアするのは大事だけれど、基本的には「向かっている」ことに意味がある。実現したとたん、成功は当たり前になるのですから。

だから結論としては、

「今に感謝して、未来に成功をセットして走り続けること」

が人生を豊かにする最大最良の秘訣です。

自分の人生を他人に委ねてはいけない

いい情報やものを見極めるための「選択する力」は、なぜ必要なのでしょうか。

それは、今の日本社会から「信用」が失われたからだと僕は思っています。

インターネット上で横行する詐欺まがいの商法や、いかがわしい儲け話、信用よりもお金を重視するメディア、人材の未来よりもカネ儲けを優先する企業……。

いったい、何を信じていいのかわからない。

こんな時代だからこそ、「選択する力」が求められるのだと思います。


僕の父親は生前、ある善良そうな青年に500万円をだまし取られました。

誠実そうな顔をして、父を裏切り、逃げていった彼の顔を、僕は生涯忘れることはないでしょう。


僕が「目利き力」「選択する力」を鍛えようと思ったのは、このときの経験が大きかったと思います。

誠実な人や商品と付き合い、賢明な買い物をし、それを育てる努力をすれば、人生は明るい。

反対に、欲にかられて盲目となれば、不実な人間と付き合い、愚かな買い物をさせられ、育てるどころか奪い合う人生を送るハメに陥ります。

どちらの人生を選ぶべきかは明白ですが、いい人生を選ぶには、「自ら選び取る」という覚悟が必要です。

誰かがおいしい話を持ってきてくれる。努力しなくてもうまくいく方法がある。そう思っているうちは、誰かに食い物にされるだけです。「選択する力」を磨くはじめの一歩は、

「自分の人生を他人に委ねないこと」

です。

そして、少数の誠実な人間に出会うために、

「最大限の努力をすると覚悟すること」

です。

今回、僕の考える最高の成功法則をみなさんにお話ししようと思ったのは、みなさんが僕の話を聞くという「選択をした」からです。

講演会が終わり、多くの人は帰っていきましたが、みなさんは「自分の意思」で最後まで僕の話を聞く選択をした。そんなみなさんを、僕は全力で応援したくなったのです。

会場には、200人の参加者の方がいましたが、ここにいるのはその内の1割程度です。そう、何かのヒントや知識を得たとしても、それを感じ取り、行動に移せるのはよくて2割、現実には1割程度なのです。

みなさん、今、みなさんは成功の第一歩を歩みはじめています。ぜひ、今日の話をご自身の頭でよく考え、実践してみてください。

ある有名な経営者が、こんな話をしていました。

「人生を豊かにする秘訣は、5W1Hの頭に『好きな』という言葉をつけて、好きな人と好きなときに、好きな場所で好きなことを、好きなやり方ですることだ」

僕にとっての「好きな人」というのは、自分の人生を自分で選び取る、そんな覚悟ができている人たちです。

人生の充実とは、どこまで行っても主観的なものです。だとすれば、それを他人に委ねてはいけません。

みなさんもぜひ、自分の人生を自分の手で選び取ってほしいと思います。

そして、これは僕からのみなさんへのプレゼントです。

この手帳にメモしている書籍は、僕の人生を変えた10冊の書籍です。これらを読まずして人生を過ごすのはあまりにもったいないと思っています。

これから「自分自身で選択し、行動していく」みなさんの新たな人生への門出として、この本たちを送ります。

D氏の話が終わったとき、時計は24時を指していた。
20人は、この後、どのような人生を歩んでいくのだろうか。

［あなたの未来を変える10冊］

1　情熱こそ、すべての出発点

古代への情熱

――シュリーマン自伝

岩波書店

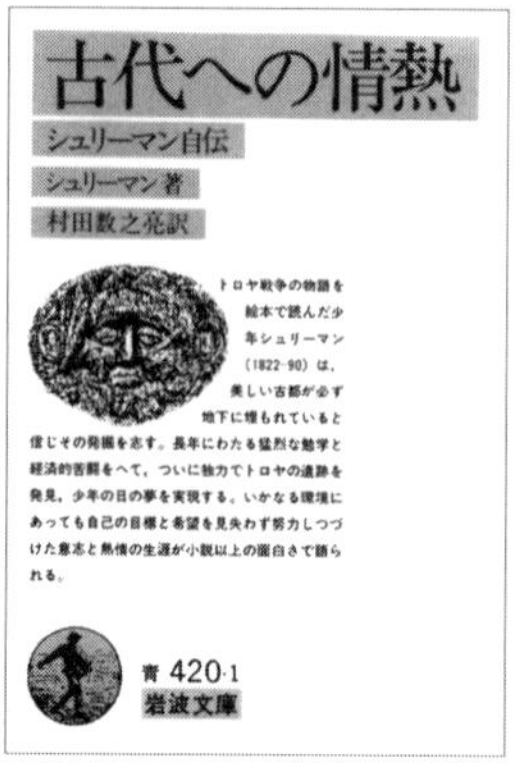

シュリーマン 著
村田数之亮 翻訳

あなたが戦略を立てるにしろ、選択をするにしろ、それ以前に考えなければならないのは、「何に情熱を感じるか」だ。もし情熱のありかがわからない、と迷っているなら、迷わず読んで欲しいのが、このシュリーマンによる『古代への情熱』だ。

幼少の頃に夢見たホメロスの世界を、実業家になっても片時も忘れず、築いた財産をすべて投げうって、ついにトロイア、ミケーネの遺跡を発掘することに成功。そんなシュリーマンの幼少期から晩年までの軌跡を丁寧に追った本だ。

多くの人間は、年齢を重ねるにつれて幼少期の情熱を失う。それが大人になることだと勘違いする。しかしながら、大事を成し遂げた人物は、幼少期の情熱を「持ったまま」大人になった人であり、現実に押しつぶされない強さを持った人物なのだ。シュリーマンは、友人や親に笑われても「トロイアはある」と信じた。それが偉大な発見につながった。

シュリーマンは実業家として財を成したが、金や人生を何に使うべきかを間違わなかった。もし人生を情熱に満ちたものにしたいなら、ぜひこの一冊を読んでみて欲しい。

2 ビジネスには、「歩き方」のルールが存在する

ビジネスマンの父より息子への30通の手紙

新潮社

G・キングスレイ・ウォード 著
城山三郎 翻訳

全世界でミリオンセラーとなった、有名な一冊。もともとは、実業家として成功を収めた父親が、同じく実業家を目指す息子へ宛てて書いた私信だったが、発見され、出版されて大きな反響を呼んだ。内容は厳しいながらも、父から息子への愛情にあふれている。

「財産や事業など残すより、いちばん大切なのは、一生の経験から学んだ人生の知恵やノウハウの集積である。これだけはぜひ息子に伝えておきたい」

訳者の城山三郎がまえがきで述べていることだが、おそらく同じ状況下に置かれた世の父親なら、誰もがそう思うはずだ。では、著者が言う、「人生の知恵やノウハウ」とは一体何のことだろうか。それはひと言で言えば「ビジネスパーソンとしての処世術」だ。計30の手紙で、実業家として必要なあらゆる心構えや処世の術が身につく。モチベーションの上がる名言と必要なときにブレーキをかけてくれる警句が読みどころで、何度も繰り返して読みたい内容だ。

3 ビジネスで成功したいなら、顧客を愛さなければならない

お客さまがまた来たくなるブーメランの法則
――スーパークインの顧客の声を聞くしくみ
かんき出版

ファーガル・クイン 著
太田美和子 翻訳

ビジネスは「顧客に寄り添ったものが勝つ」世界である。だから、ビジネスで成功したいと思うなら、自分の顧客への思いが本物かどうかを問わなければならない。

『ブーメランの法則』は、世界の名立たる小売業トップが参考にしたというアイルランドの伝説のスーパー、「スーパークイン」の創業者、ファーガル・クインによる一冊。

もともとは、社内教育用のマニュアルとして作られた内容を出版したもので、アイルランドでベストセラーになったのを皮切りに、アメリカ、フランス、イタリア、オランダ、スウェーデン、スペイン、フィンランド、そして日本の各国で翻訳された。顧客志向について説いた本として、じつに秀逸な一冊だ。

「ベーコンの薄切りを二〇〇グラムでございますね。かしこまりました。あっ、少しオーバーしますが、よろしいでしょうか」

スーパーでは日々、このようなさりげない「かっぱらい」が行われている。スーパークインでは、このようなやり方を潔しとしない。結果、顧客の熱烈な支持を集めたのだ。

本当に愛せる顧客を見つけ、尽くすこと。それがあなたを成功者にするのだ。

4　一流の勝負師から、「選択」の技術を学ぶ

相場師一代

是川銀蔵 著
小学館

勝負で勝つには、「選択」が重要だと既に述べた。優れた意思決定をしたいなら、実際にそれをやった人物に学ぶのが一番ということは、もはや言うまでもないだろう。

『相場師一代』は、昭和五十八年発表の高額所得者番付で第1位。「最後の相場師」とうたわれた伝説の男、是川銀蔵氏による唯一の自伝だ。個人で数百億円の株取引に成功し、申告所得28億９０００万円という巨額の富を築き上げた著者だが、その人生は波乱に満ちたものだった。14歳で神戸の貿易商、好本商会に奉公するも、会社が突然倒産。16歳で単身満州に渡って商売を始め、その後、株式投資の世界へ。いずれも絶頂とどん底を繰り返すが、著者はいかなるときも、あきらめず、学ぶ姿勢を失わなかった。関東大震災時のトタン板の買占め、同和鉱業株をめぐる大勝負、著者の名声を不動のものとした住友金属鉱山株をめぐる大勝負……。エピソードに事欠かない、興味深い人生だ。

「人が気づかぬところにいかに目を配り、人が気づく前にどれだけ早く行動しているか。買って、売って、休む。これが商売で成功する三筋道」。

味わって読みたい一冊である。

5 勝つための大原則は、悪手を指さないこと

人間における勝負の研究
――さわやかに勝ちたい人へ

祥伝社

米長邦雄 著

亡くなった棋聖・米長邦雄氏が書いた、勝負哲学。著者は、竜王戦――1組12期、順位戦――A級以上26期を務めた方で、師匠としても数多くの優秀な人材を輩出した。

著者は、「勝利の女神に好かれる」ための基本として、人間の知識や論理では解明できない「不可解な力」を感じたときに、無視せずに認めることを説いている。

「〝勝ちたい〟と思ったら、実力をつけることが第一」だが、それだけでは勝負に勝つことはできない。運やツキには、それを呼び込むための心構えやルールが存在するのだ。

なかでも重要なのは、この考え方であろう。

「最善手を見つけることも大切ですが、それよりももっと大切なのが悪手を指さないこと」

私の考え方に、大きな影響を与えた一冊だ。

著者は、「勝負の三要素」として、「確率」と「勢い」「運」の3つの要素を挙げているが、まさにこの3つが人生の成功を左右する。心して読みたい一冊だ。

6 きちんと「立つ」ことができれば、勝負は大方順調に進む

もっと深く、もっと楽しく。
——アマチュアのためのゴルフ聖書

集英社

中部銀次郎 著

数々のタイトルをほしいままにし、アマチュアゴルフ界の伝説となった、中部銀次郎氏。

本書は、そんな氏によって書かれ、長年読み継がれている、ゴルファーのバイブルだ。ゴルフの本としては異例のロングセラーだが、それもそのはず。その根底には、人生全般に通じる勝負哲学が流れているのだ。

たとえば、「ゴルフにとっていちばん難しいのは〝立つ〟ことなのである」という言葉。いざ舞台に立つと、多くの人は邪な考えに支配され、自分を見失ってしまうものだが、そんな時こそ、この基本を思い出したい。緊張のあまり、斜めの体勢でスイングしようとしていないか、相手のペースに巻き込まれていないか。

そして、勝負師に最も送りたい言葉は、これだ。

「いいかい、3オン・1パットも4、4オン・0パットも4、2オン・2パットも同じなんだよ。どういうショットで、どういうパットでスコアをまとめたか、関係ないんだ」

勝つためには、格好良さにこだわらないこと。ゲームのルールを理解すること。何度も味わって読みたい一冊だ。

7 人を動かすには、心の引き金を引きさえすればいい

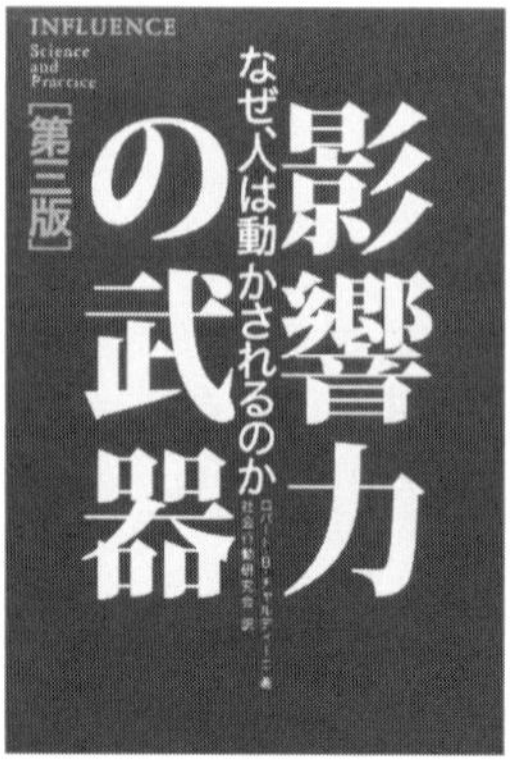

影響力の武器
——なぜ、人は動かされるのか
誠信書房

ロバート・B・チャルディーニ 著
社会行動研究会 翻訳

ビジネスで成功するための最重要スキルを挙げるとするなら、それは「人を動かす」技術ということになるだろう。この「人を動かす」原理を研究しているのが、社会心理学だ。

ロバート・チャルディーニによる『影響力の武器』は、この社会心理学の分野でもっとも広く知られる書籍のひとつ。この本では、「人間の心の引き金」を引く、承諾誘導のテクニックと、その裏にひそむ心理学原理が、実験事例とともに紹介されている。学者が書いたものとはいえ、セールスマンや募金勧誘者など、さまざまな「承諾誘導」のプロたちのテクニックを盛り込んでおり、内容は極めて有用。使い方によっては危険ですらある。

冒頭で「固定的行動パターン」や「知覚コントラストの原理」といったわれわれの知覚メカニズムの欠点を指摘した後、本書の核となる「6つの心理学原理」を紹介している。

「返報性」「一貫性」「社会的証明」「好意」「権威」「希少性」。この6つが使いこなせれば、説得の技術が向上すること、間違いなしだ。最強の一冊である。

8 成功に欠かせない、キーパーソンを説得する技術

私はどうして販売外交に成功したか

ダイヤモンド社

フランク・ベトガー 著

土屋健 翻訳／猪谷千春 解説

『影響力の武器』が説得の理論を書いた本だとすると、本書『私はどうして販売外交に成功したか』は、実践の書と言える。

あのデール・カーネギー（『人を動かす』の著者）をして、「本書を一冊手にするためには、シカゴからニューヨークまででも、喜んで歩いてゆく」「私が今日までに読んだ販売術に関する著書のうちで、最も有益で、最も示唆に富んだ労作」と言わしめた名作だ。

不幸にも試合中に腕を折り、選手生命を絶たれた大リーガーの著者が、やがてトップセールスマンになるまでの半生を記録したもので、読み物としても秀逸。

ライバルを決して悪く言わないことや、意見に反論せず質問によって承認を得ること、相手の名前を覚えること、相手が買ったものの価値を再度認めてあげるなど、そのノウハウのベースには、人を動かすための根本原理が存在している。失敗談を含め、ドラマチックなエピソードには枚挙にいとまがなく、とくにベトガーの「アフター・ケアのすすめ」を実践した宝石商の話は、感動のあまり、思わず涙してしまいそうなほどだ。

プランを「絵に描いた餅」にしないためのキーパーソン説得術が学べる貴重な一冊だ。

9 キャリア開発における重要な視点

フォーカス!
——利益を出しつづける会社にする究極の方法

海と月社

アル・ライズ 著
川上純子 翻訳

世界的に有名なマーケティング戦略家、アル・ライズが、製品、サービス、市場を「フォーカス」することで、企業を利益体質に変える方法を指南した一冊だが、個人のキャリアにも当てはまる。著者いわく、「『ライン拡大』『多角化』『シナジー（相乗効果）』などと呼ばれているものは、どれも拡大のプロセスであり、成長を目指すゆえの本能的衝動だ。しかし、これが企業のフォーカスを失わせている」。

実際、本書に登場する事例を見ても、多くの企業はライン拡大や多角化を目論んで失敗しており、仮に企業規模拡大に成功しても、利益や時価総額は結果として落ち込む傾向にあるのだ。

本書では、どのように絞り込みを行えば、より有利な戦い方ができるのか、成功例を交えながら詳しく論じられている。ポジショニングや言葉によるイメージ戦略、市場の変化に応じて戦略を調整する方法など、参考になる内容がてんこもりだ。

「ブランドとは、大きな獲物をしとめるための狩猟許可証ではない。カットして磨いていくダイヤモンドだ」

個人のブランドを作る際にも、役立つ教訓である。

10 幸福は、自由と愛のバランスのなかにある

自由からの逃走

東京創元社

エーリッヒ・フロム 著
日高六郎 翻訳

最後に、成功と幸福について考えるための本を一冊だけ紹介しておこう。「自由」と「愛」の二軸で人間の幸福を論じた、エーリッヒ・フロムの名作である。

みなさんが仮に経済的に成功を収めても、それだけで幸福は訪れない。著者の言葉を引用してみよう。「自由は近代人に独立と合理性とをあたえたが、一方個人を孤独におとしいれ、そのため個人を不安な無力なものにした」「かれは自由の重荷からのがれて新しい依存と従属を求めるか、あるいは人間の独自性と個性とにもとづいた積極的な自由の完全な実現に進むかの二者択一に迫られる」

著者は、人間の歴史を振り返りながら、自由と愛の両立が実現できると説く。それは愛に代表される、自発的な活動によってである。

どうすればわれわれは、従属的な愛ではなく、われわれを自由にする愛を実現できるのか。

コミュニティの時代にあって個人の幸福を考えるなら、本書ほど示唆に富んだ本はない。

土井英司（どい・えいじ）
有限会社エリエス・ブック・コンサルティング代表取締役／日刊書評メールマガジン『ビジネスブックマラソン』編集長。1974年生まれ。慶應義塾大学総合政策学部卒。日経ホーム出版社（現・日経BP社）を経て、2000年にAmazon.co.jp立ち上げに参画。売れる本・著者をいち早く見つける目利きと斬新な販売手法で『ユダヤ人大富豪の教え』（100万部突破）、『もえたん』（40万部突破）など数々のベストセラーを仕掛け、「アマゾンのカリスマバイヤー」と呼ばれる。2001年に同社のCompany Awardを受賞。独立後は数多くの著者のブランディング、プロデュースを手掛け、2011年にプロデュースした『人生がときめく片づけの魔法』が158万部のベストセラーに。同書は現在、アメリカ版、イタリア版をはじめ40ヵ国以上で 翻訳が決まり、アメリカ版は『The New York Times』『Wall Street Journal』が紹介するベストセラーに。2015年３月には 同書がアメリカ、イタリアのAmazon総合ランキングで同時１位を実現。世界的ムーブメントを巻き起こし、計1100万部のベストセラーとなっている。専門としているビジネス書では、『年収200万円からの貯金生活宣言』がシリーズ100万部のベストセラー。ほかにも、年間ビジネス書ベストセラーのトップ10入りを果たした『「超」入門　失敗の本質』、『年収１億円思考』はじめ、ベストセラー多数。『経営の教科書』『投資信託選びでいちばん知りたいこと』『プロフェッショナルサラリーマン』『フォーカス・リーディング』『バカでも年収1000万円』『その話し方では軽すぎます！』『世界一愚かなお金持ち、日本人』『９割受かる勉強法』など、作品はビジネス書、実用書を中心に次々とベストセラーリスト入りを果たしている。自らの著書も、10万部を突破した『「伝説の社員」になれ！』はじめ、いずれもベストセラーに。

「人生《じんせい》の勝率《しょうりつ》」の高《たか》め方《かた》
成功《せいこう》を約束《やくそく》する「選択《せんたく》」のレッスン

2019年 9月13日 初版発行

著者／土井《どい》 英司《えいじ》

発行者／川金 正法

発行／株式会社KADOKAWA
〒102-8177 東京都千代田区富士見2-13-3
電話 0570-002-301(ナビダイヤル)

印刷所／大日本印刷株式会社

本書の無断複製（コピー、スキャン、デジタル化等）並びに
無断複製物の譲渡及び配信は、著作権法上での例外を除き禁じられています。
また、本書を代行業者などの第三者に依頼して複製する行為は、
たとえ個人や家庭内での利用であっても一切認められておりません。

●お問い合わせ
https://www.kadokawa.co.jp/（「お問い合わせ」へお進みください）
※内容によっては、お答えできない場合があります。
※サポートは日本国内のみとさせていただきます。
※Japanese text only

定価はカバーに表示してあります。

©Eiji Doi 2019 Printed in Japan
ISBN 978-4-04-604226-2 C0030